C'est décidé, je m'épouse !

W0389550

Direction de la publication : Isabelle Jeuge-Maynart et Ghislaine Stora
Direction éditoriale : Élodie Bourdon
Édition : Mélissa Lagrange
Conception de la couverture : Marthe Oréal
Conception de la maquette intérieure : Hung Ho Thanh adaptée par Nord compo
Préparation de copie : David Lerozier
Relecture : Thomas Gabiache
Mise en pages : Nord compo
Fabrication : Emilie Mortier

© Larousse 2020

Toute reproduction ou représentation intégrale ou partielle, par quelque procédé que ce soit, de la nomenclature et/ou du texte et des illustrations contenus dans le présent ouvrage, et qui sont la propriété de l'Éditeur, est strictement interdite.
Les Éditions Larousse utilisent des papiers composés de fibres naturelles, renouvelables, recyclables et fabriquées à partir de bois issus de forêts qui adoptent un système d'aménagement durable. En outre, les Éditions Larousse attendent de leurs fournisseurs de papier qu'ils s'inscrivent dans une démarche de certification environnementale reconnue.

ISBN : 978-2-03-597673-4

Nathalie Lefèvre

Préface de Géraldyne Prévot-Gigant

C'est décidé, je m'épouse !

LAROUSSE

À l'absolu et au refus de compromis.

PRÉFACE

« Un bon être humain est celui qui a appris à s'aimer lui-même[1]. »

Oprah Winfrey

« C'est décidé, je m'épouse ! » pourrait devenir le cri de ralliement de tous les célibataires. Mais pas n'importe lesquels.

Les célibataires 2.0 : des hommes et des femmes qui, comme Nathalie Lefèvre, sont conscients.

Dans une société véhiculant de plus en plus de messages normés : « Si tu n'es pas marié autour de 30 ans et si tu n'as pas ton premier enfant avant 35, tu as tout raté », les célibataires 2.0 font figure de rebelles car ils révolutionnent les modes de pensée habituels.

Majoritairement, les célibataires vivent leur situation comme une punition, une condamnation révélant une tare. Mais quelle tare ? On ne sait pas très bien. Ce n'est jamais précisé.

À y regarder de plus près, on y verra que la tare n'est pas individuelle, mais collective, car le célibat est plus

1. Dans l'émission de télévision « Super Soul Sunday ».

un phénomène de société qu'un problème psychique individuel. 40 % des foyers français sont des célibataires et deux célibataires sur trois sont des femmes[1]. Le célibat n'est donc pas la résultante d'une problématique psychologique, mais bel et bien d'une situation collective. Ce n'est plus aux célibataires de s'adapter, mais à un collectif de tenir compte d'une société qui change.

Et puis il y a ceux qui ont compris.

Il y a ceux qui ont décidé que la norme ne passerait pas par eux, que le bonheur se trouve en dehors des sentiers battus. Ces êtres conscients ont compris qu'une période de vie en solo est une formidable opportunité à la connaissance de soi, un véritable retour à l'essentiel. Ils ont compris qu'il n'y a pas à se culpabiliser, à chercher désespérément un dysfonctionnement psychique, mais à trouver une façon de bien vivre une situation.

L'amour de soi est un concept de développement personnel qui n'a plus de secrets pour les personnes ayant entamé un travail sur soi. Mais quand on se pose la question : « S'aimer soi-même ? C'est quoi ? », les réponses se tarissent. Et lorsqu'on se demande : « Quand je m'aime, qui j'aime ? Moi. Mais qui est ce moi ? » C'est à ce moment-là qu'un vide peut se faire sentir, un sentiment de devenir idiot. Et notre regard se perd au loin à la recherche d'un repère, d'une notion, d'une information, voire d'une réponse.

1. Sondage réalisé par Acxiom en 2012.

C'est à ce moment-là que nous comprenons que s'aimer soi n'est pas une mince affaire, qu'il s'agit d'une expérience sur le long cours, d'une quête initiatique.

Qui j'aime quand je m'aime ? Là est la question. Et elle est fondamentale, cette interrogation, car si je décide de m'épouser, alors j'épouse qui ? Et c'est quand même important de savoir avec qui on va passer le plus clair de son existence.

Pour beaucoup, l'amour de soi est un acte égocentrique, narcissique. L'ego nous a permis de nous structurer dans notre développement psychique. Grâce à lui, nous savons répondre à la question « Qui es-tu ? » et nous savons que l'autre est un autre, différent de nous. L'ego est structurant et nous a permis de nous adapter au monde, à la société.

Mais nous ne sommes pas constitués uniquement d'un ego et il y a différentes strates d'expérimentations à l'amour de soi, différents niveaux de conscience. L'amour de soi peut être exploré au niveau physique, émotionnel, mental, spirituel.

De tous les niveaux précédents, la dimension spirituelle est, à mon sens, de l'ordre de l'essentiel dans le processus de l'amour de soi. Le chemin est long, subtil et consiste à savoir s'écouter, à apprendre à entendre la partie de nous la plus sage, la partie de nous qui sait tout. Tout l'art de cet amour est de réunir le désir de l'ego et les souhaits de l'âme et de les faire cohabiter, pour le meilleur. C'est à ce niveau de conscience que nous pouvons répondre à la question : « Mais quand je m'aime, qui j'aime ? Et qui en moi aime ? » « Nous-mêmes. »

Lorsque nous nous épousons, c'est notre féminin et notre masculin intérieurs qui s'unissent. Mais lorsque l'âme et l'ego fusionnent, alors il s'agit d'un mariage alchimique. Nous nous transformons, nous nous révélons et nous n'aborderons plus l'autre de la même façon.

Nathalie Lefèvre, avec toute sa passion pour la vie et toute sa passion pour l'éveil de la conscience humaine, nous propose un processus ludique, mais néanmoins profond, à la rencontre de nous-mêmes. C'est un processus qu'elle a expérimenté étape par étape et elle nous en révèle les secrets. Nathalie fait partie de ces êtres différents qui ont envie de partager au plus grand nombre. Avec beaucoup de générosité, elle nous offre, dans ce livre, les étapes de son mariage intérieur et comment cela l'a menée à la paix intérieure. Voici un processus de rencontre et d'engagement avec soi-même menant vers une meilleure connaissance de soi. Au fil des pages, Nathalie Lefèvre nous offre une formidable occasion de vivre la plus fabuleuse des histoires d'amour, celle de toute notre vie.

Géraldyne Prévot-Gigant

SOMMAIRE

UN NOUVEAU COUP DE FOUDRE
ET SI L'AMOUR COMMENÇAIT PAR SOI ?

LA TRANSFORMATION
OÙ L'ON ACCEPTE ENFIN QUI L'ON EST

LES NOCES
OU COMMENT S'AIMER ENFIN

« L'AMOUR
A CECI DE COMMUN AVEC LA GRÂCE
QUE TOUT – ET JUSQU'À LA MANIÈRE DE
POUSSER UNE PORTE OU DE NOUER
UN LACET – EST MODIFIÉ.
RIEN DE CE QUI ÉTAIT AVANT NE DEMEURE.
IL N'EST PAS UN FRAGMENT DONT ON
PUISSE DIRE : CELUI-CI EST LE MÊME,
JE LE RECONNAIS ! »

– Christiane Singer
Une passion

PARCE QUE VOUS LE MÉRITEZ

Ouvrir ce livre demande de l'audace. S'épouser n'est pas évident à assumer, même si vous vous aimez au moins un peu. Et c'est normal.

Je vous imagine, cher lecteur, dans les rayons de la Fnac ou dans votre librairie préférée, avec mon livre en main. Ne soyez pas gêné, même si la caissière paraît étonnée !

Si vous avez ouvert ce livre, c'est qu'il vous a intrigué ou amusé, ou motivé. Pourquoi ? Parce que vous ne voulez plus chercher des solutions, mais les trouver.

La paix intérieure ne passe pas que par des questions. Elle passe par un engagement, et un engagement personnel, de soi à soi. À un moment ou à un autre, il faudra que vous assumiez de vous aimer pour ce que vous êtes. C'est pour ça que j'ai écrit ce livre.

Nous vivons dans une société où l'amour de soi n'est ni compris ni intégré. S'aimer pour ce qu'on est passe tout de suite pour de l'égoïsme, de l'autosatisfaction. Et le monde est rempli de gens imbus d'eux-mêmes, auxquels nous ne voulons pas ressembler.

Pourtant, vous accepter est un apprentissage, un parcours. C'est le plus beau cadeau que vous puissiez vous faire, et faire au monde aussi. Cela paraît paradoxal, non ? Pas tant que ça.

Lorsque nous nous comportons en égoïstes, c'est pour combler un manque d'affection. Et personne ne nous aimera si nous ne nous aimons pas nous-mêmes. Aristote le disait déjà, il y a plus de deux mille ans.

Nous confondons aussi facilement amour de soi et surestime de soi. Qui assume de s'aimer passe pour vaniteux. Comme s'il n'y avait pas de juste mesure. Comme si nous n'étions pas la bonne personne pour nous aimer, ou comme si nous n'étions pas assez objectifs pour nous apprécier.

Pourtant, nous connaître est indispensable pour savoir ce que nous préférons, ce que nous voulons pour nous. Et qui a envie de connaître quelqu'un qu'il n'aime pas ?

Vous voyez, vous aimer pour ce que vous êtes n'a rien à voir avec du narcissisme. C'est plutôt une question de lucidité.

Et je vous félicite. Après avoir lu ce livre, la différence entre amour de soi et narcissisme devrait vous paraître parfaitement claire. Et vous l'avez compris, le don de soi joue un rôle important dans cette distinction : s'aimer, c'est offrir aux autres ce que nous avons de meilleur, et savoir tolérer, accepter, soigner ce que nous apprécions le moins de nous.

Et puis, vous savez comme moi à quel point nous pouvons nous gâcher la vie à ne pas nous accepter tels que nous sommes – à nous détester, même. En agissant de la sorte, nous ne passons pas seulement à côté de nos qualités, nous passons à côté de notre vie. Nous manquons ce qu'est le bonheur d'être vivants.

Oui, le monde a besoin de personnes qui en ont une autre vision, et qui de cette façon le changent. Le monde a besoin d'audacieux qui ouvrent la voie, qui défendent ce qui en vaut la peine et ne se laissent pas abattre par les critiques gratuites.

Vous êtes l'un d'eux !

Je vous adresse dès à présent ma gratitude pour ce que vous vous apprêtez à vous offrir et à vivre. Vous êtes mes héros, vous qui tentez l'aventure de l'amour inconditionnel, vous qui admettez de vous aimer malgré vos imperfections.

Ce monde a tellement besoin d'amour. Sachons commencer par nous-mêmes, pour que rayonne cette clarté dans nos vies et celle des personnes qui nous entourent. Habillons d'amour nos existences et insufflons aux autres la folle idée d'en faire de même.

Merveilleuse rencontre à chacun d'entre vous !

LES 4 PILIERS DU MARIAGE À SOI

L'INDISSOLUBILITÉ : S'ENGAGER POUR LA VIE

Par essence, on ne pourra jamais réellement se séparer de soi-même, du moins tant qu'on sera en vie. Par contre, nous pouvons passer notre vie à ne jamais nous rencontrer. Et finir par mourir en étant passés à côté de la relation la plus déterminante de notre existence.

Dans un mariage avec un autre, nous formulons des vœux, puis nous promettons d'œuvrer pour nous investir, afin de prolonger cette union jusqu'à la mort.

Lorsque nous nous épousons, le divorce est une possibilité. Mais que nous n'osons à peine entrevoir, tant nous avons foi dans notre engagement, et la relation à laquelle il nous lie. Nous épouser, c'est comme épouser quelqu'un d'autre !

LA FÉCONDITÉ : SE MARIER POUR CRÉER

Mettre des enfants au monde et les élever n'est pas le seul type de fécondité possible. Notre vie est consacrée à la mise au monde de projets de toute sorte. C'est d'ailleurs toutes ces réalisations qui nous font nous sentir vivants.

Lorsque nous faisons le choix de nous épouser, nous bâtissons une relation qui implique des projets, un avenir. Il est donc essentiel d'apprendre à mener une vie intérieure créative. Les couples durent parce qu'ils développent une complicité esthétique et sensuelle, une émulation créatrice, un horizon de projets.

Soyez inventifs, ambitieux, et lancez-vous !

LA LIBERTÉ : SE CHOISIR SANS CONTRAINTE

Ce livre n'est absolument pas une apologie du mariage forcé. Cette relation à vous-même, vous devez absolument l'envisager comme une démarche sans contrainte, avec une grande liberté. La volonté est la clé de la réussite. Entreprendre sans volonté, cela revient à nous priver de l'énergie indispensable pour avancer.

LA FIDÉLITÉ : SE JURER LOYAUTÉ

Nous vivons dans une société où la fidélité est beaucoup remise en question. On ne sait plus très bien ce qu'elle représente ni ce qu'elle véhicule. On ne sait plus s'il s'agit de fidélité de corps, de cœur ou d'esprit. On ne sait plus vraiment ce que nous devons attendre de soi et de l'autre.

Je pense que la fidélité est une valeur intime et personnelle. Si elle est importante pour soi, il faut la respecter. Et avant tout auprès de soi-même.

Comment imaginer ne pas être trompé par les autres si chaque jour nous nous trompons nous-mêmes ? Si chaque jour qui passe, nous nous sommes infidèles, le monde extérieur ne cessera de nous renvoyer cette image de nous.

La fidélité est un principe qui rejoint le respect, l'écoute et l'estime de soi. Elle est une source inépuisable d'amour. Dès lors que nous faisons le choix de nous être fidèles, nous nous choisissons. Nous choisissons d'être tels que nous sommes. Il n'est rien de plus grand, de plus puissant. Nous ne trahirons plus notre corps ou notre idéal, nous ne fuirons plus la personne que nous sommes. Notre compassion envers nous-mêmes nous donnera la pleine mesure de ce que nous sommes. Nous nous aimerons enfin sans chercher à être quelqu'un d'autre.

Un nouveau coup de foudre

* * *

Et si l'amour commençait par soi ?

Chapitre 1

DU DÉSAMOUR À LA QUÊTE DE SOI

« Personne ne peut vous faire sentir inférieur sans votre consentement. »

Eleanor Roosevelt

Aussi longtemps que je m'en souvienne, j'ai toujours été amoureuse. Que ce soit pour une seconde ou des années, j'avais toujours un garçon en tête, qui faisait battre mon cœur.

De mes sentiments, la plupart n'en ont jamais rien su, beaucoup les ont ignorés, et certains m'ont rendu la pareille. Toutefois, pendant mes années d'adolescence, j'étais très transparente pour les garçons.

Au collège, j'étais loin de faire partie du groupe des filles populaires qui suscitaient leurs faveurs, mais j'avais espoir de le devenir. Mon envie de vivre une histoire d'amour était mon unique désir. Pas seulement un désir d'ailleurs, c'était même une obsession.

Et puis, à 16 ans, j'ai rencontré mon premier amour.

Ma mère m'avait inscrite en voyage linguistique en Angleterre. J'avais deux semaines pour améliorer mon anglais, et je suis rentrée en connaissant mieux l'amour. Je réalisais enfin mon rêve ultime d'aimer et d'être aimée. Je goûtais à cette délicieuse sensation d'être emportée par la fougue d'un premier émoi.

Bien sûr, comme souvent avec les premiers amours, il s'est mal fini. Je suis restée pour ainsi dire sur le carreau – gisante sur le carrelage glacé de la salle à manger de ma mère – à me demander comment il était possible d'échapper à une telle souffrance. Et puis elle est passée, assez naturellement, avec le temps.

Ce premier chagrin amoureux a été marquant, mais il n'a pas brimé mon envie de retenter l'aventure, encore et encore. Sauf que je me suis bien vite rendu compte qu'il n'était pas simple de retrouver l'intensité de ce premier amour. Toutes les amourettes ne se valent pas, loin de là.

Pendant dix ans, j'ai fait la rencontre d'hommes tantôt stimulants, tantôt décevants. Dans leurs regards, je me suis longtemps cherchée, souvent perdue et rarement trouvée. Et mes déceptions ont été si fréquentes que j'ai fini par développer le sentiment d'être une victime.

Mon entourage m'assurait que je devais prendre mon mal en patience, qu'il n'y avait pas d'amour sans échec, que je devais m'habituer à être contrariée par les hommes, parce que ce ne serait pas la dernière fois.

J'étais alors pleine de craintes irrationnelles, d'idées reçues, d'*a priori*. Durant toutes ces années, j'ai vécu dans la dépendance de l'autre, de son regard, de son amour. À aucun moment je ne me sentais responsable de mes rapports avec les hommes et des déceptions que je subissais à cause d'eux. Je préférais les accabler que de me remettre en cause.

Heureusement, à côté de mes échecs sentimentaux, j'ai entrepris un travail de remise en question et de guérison. J'ai été attirée par d'autres hommes, des hommes meilleurs. Jusqu'à ce moment où, enfin, j'en ai rencontré un qui m'a vraiment bouleversée.

À ce moment-là, je pensais qu'il était celui que j'avais toujours attendu. Nous avons très vite vécu ensemble.

Nous avions un bel appartement, une vie douce et pourtant… J'ai réalisé, aux dépens de notre histoire, qu'il me manquait un ingrédient essentiel pour créer un couple heureux : me rencontrer en tant que personne.

J'ai alors entrepris une grande aventure pour découvrir qui j'étais : le célibat. Ces années m'ont transformée. J'ai appris à me connaître, à aimer vivre à mes côtés, avec cette personne qui était jusqu'ici un mystère à mes yeux. J'ai appris à mieux accepter ma part d'ombre, mes défauts. J'ai arrêté de me donner des limites arbitraires, pour mieux accepter de me redécouvrir chaque matin.

Et puis ce jour est arrivé. Un dimanche de janvier, confortablement installée dans mon canapé, j'ai été traversée par une idée fulgurante. J'allais enfin accepter de me lier à moi, de m'accepter et de m'aimer pour le meilleur et pour le pire, dans le bonheur comme dans la difficulté, jusqu'au bout.

Cette femme en moi, capable d'accepter qui elle était, de s'offrir de l'amour et de mener chaque jour de sa vie un travail sur son idylle intérieure, j'en suis tombée amoureuse.

J'ai alors ressenti une puissante injonction intérieure. Je n'avais plus le choix, c'était le moment. Ce jour-là, j'ai tenté le fabuleux pari de m'aimer, en me vouant fidélité, reconnaissance et engagement. En cet instant marquant, je me suis passé la bague au doigt. Cette femme en moi, capable d'accepter qui elle était, de s'offrir de l'amour et de mener chaque jour de sa vie un travail sur son idylle intérieure, j'en suis tombée amoureuse.

Et je n'ai plus jamais été la même depuis cet instant.

Tout au long de cet ouvrage, je souhaite vous mener à cette révélation. D'abord, celle de réaliser que c'est auprès de vous-même que vous passerez le plus de temps, jusqu'à la fin de votre existence. Et surtout, que la vie n'attend qu'une chose pour vous ouvrir les bras, que vous le fassiez d'abord avec vous-même.

Il n'y a aucune autre clé du bonheur que celle de se choisir et de goûter au plaisir infini de sentir qui l'on est profondément.

Angela, 29 ans

« Je n'ai plus peur d'être seule parce que je me remplis de ma présence. »

« Après un *burn-out*, j'ai décidé de lâcher la vie que je menais pour me rencontrer. J'ai énormément travaillé sur mon histoire familiale, mon passé, toujours dans cette conscience que même s'il ne m'était pas possible de réécrire mon histoire, je pouvais faire en sorte de me créer un avenir conforme à la vision que j'en avais. J'ai réalisé que je m'aimais vraiment le jour où j'ai refusé de rentrer dans une histoire sentimentale dans laquelle je sentais que je ne serais pas respectée comme je le voulais. À ce moment, je n'avais plus peur d'être seule ni d'être rejetée parce que je me remplissais de ma propre présence, j'étais en paix avec moi-même, consciente de ma propre valeur. Je découvrais en fait que j'avais le choix. Je connais mes qualités, mais aussi mes défauts, et à vrai dire j'aime ces nuances de gris. J'essaie toujours de me comprendre et d'accepter tout ce que je suis, y compris mes parts un peu sombres. J'ai intégré que personne n'est parfait, et personne ne me demande de l'être. J'ai aussi compris que quoi que je fasse, je serai amenée à décevoir certaines personnes, donc tant que je ne nuis pas à autrui, que je peux me regarder dans la glace chaque matin avec la certitude d'avoir fait de mon mieux, et que je sens que mes actions sont le reflet de ma volonté profonde, c'est que tout va bien. La vie est bien plus courte que l'on ne peut se l'imaginer, donc j'essaie à chaque instant d'honorer ce cadeau qui m'est donné, et de toujours rechercher l'harmonie en moi, même si elle ne coïncide pas avec ce que d'autres peuvent attendre. »

Chapitre 2

EN ROUTE VERS L'INDÉPENDANCE AFFECTIVE

« Aimer ce n'est pas renoncer à sa liberté,
c'est lui donner du sens. »

Marc Levy

Nous passons la plupart de notre existence à chercher dans le regard des autres une validation implicite de qui nous sommes, de notre apparence comme de notre caractère. L'estime que nous nous vouons est conditionnée par celle que les autres ont de nous.

Ce qui fait de chaque rencontre un de ces miroirs grossissants qui font ressortir nos imperfections, qui les amplifient jusqu'à la caricature. Et pourtant, c'est de ce reflet dont nous avons besoin pour évoluer et nous transformer.

En réalité, c'est de nous que parle chacune de nos relations amoureuses. Elles révèlent une partie de ce que nous sommes, et même certaines parts de nous que nous avons oubliées. Il n'y a donc pas d'amour au hasard, il n'y a que des rendez-vous avec soi. Pour nous connaître vraiment, nous avons besoin de cet écho que nous renvoie l'être aimé.

Évidemment, nous avons tous nos cicatrices. Et vous découvrirez au fil de ce livre qu'elles peuvent se révéler comme nos plus grands atouts. Elles sont autant de marques de notre spécificité, de notre vécu – de nos transcendances, même. Elles nous offrent un regard singulier sur le monde, nous rendent uniques. C'est en apprenant à les soigner, à les accepter tout au long de notre cheminement intérieur, et non en nous efforçant de les gommer, que nous progressons.

Au contraire, tant que nous ne prenons pas conscience de nos cicatrices, nous agissons comme des « sans-amour », des démunis. Nous ne trouvons pas d'autre solution que de mendier l'affection des autres ; et nous finissons par accepter bien des situations douloureuses, sinon inacceptables, en désespoir de cause. Parce que nous ne croyons pas valoir mieux que l'image déformée que nous nous faisons de nous-mêmes, nous bradons notre affection, nous ne trouvons plus la force de dire non.

Il suffit de regarder le très grand nombre de livres sortis en 2017 sur les perversions relationnelles pour s'en convaincre, et la violence émotionnelle qui est la règle de tant de couples autour de nous.

Ce n'est pas l'amour qui nous fait basculer dans la violence morale, et parfois même physique. Il arrive que ce que nous croyons être de l'amour n'est en fait qu'un manque d'amour, l'expression de nos blessures, qui conduit à son tour à accepter la violence de l'autre.

L'une de mes auditrices à Radio Médecine Douce m'a confié que son mari refusait qu'elle le quitte. Il l'en a même empêchée il y a quelques années, en utilisant son entourage familial afin de faire pression sur elle. Elle a cédé et est restée avec lui. Aujourd'hui, elle aimerait à nouveau s'échapper de cette relation ;

elle a repris ses infidélités. Lui n'arrive pas à accepter qu'elle ne l'aime plus. Il pense que son amour à lui suffit, puis prend le prétexte des enfants, de la famille qu'ils ont construite ensemble.

Il est assez fréquent que l'amour serve de prétexte pour justifier la crainte de la solitude. Mais qui peut se permettre de contraindre l'autre à rester, quelle qu'en soit la raison ? L'amour, c'est une liberté, un choix partagé, pas une prise d'otage. Personne n'appartient à quelqu'un d'autre, ni les membres du couple entre eux, ni les enfants aux parents. La seule personne à laquelle nous appartenons, c'est nous.

Nos expériences sont là pour nous enseigner qu'il n'y a pas d'obligation d'aimer, et qu'il ne sert à rien de courir après la complémentarité comme on s'accroche à une planche de salut. Même ceux que nous aimons passionnément ne peuvent être tout pour nous. Personne ne devrait se permettre de contraindre l'autre au sacrifice de qui il est vraiment.

Personne n'appartient à quelqu'un d'autre, ni les membres du couple entre eux, ni les enfants aux parents. La seule personne à laquelle nous appartenons, c'est nous.

Dans le couple, nous devrions pouvoir nous poser cette question à tout moment : comment l'autre me fait-il me sentir ?

Après tout, si nous choisissons quelqu'un pour l'aimer, c'est qu'il nous insuffle un dynamisme, une positivité, une joie, un élan qui nous pousse à nous améliorer. Et non l'inverse – qui n'est pas de l'amour, mais de la dépendance. Tout est une question d'équilibre. L'admiration dans le couple est par principe réciproque et complice. Si nous nous oublions au détriment de l'autre, alors la relation n'en vaut plus la peine.

Carole, 43 ans

« Quand je me suis libérée de ces chaînes, j'ai compris quelle était ma place. »

« J'ai commencé à m'aimer à la trentaine au moment où j'ai intégré mon histoire familiale et compris combien je portais inconsciemment les peurs, les sacrifices, les doutes de la lignée de femmes qui m'avaient précédée. Quand je me suis libérée de ce poids et de ces chaînes qui ne m'appartenaient pas, quand j'ai compris quelle était ma place. J'ai soudain pris conscience de ma singularité au sein de cette famille, mais aussi de ma valeur pleine et entière, et j'ai été remplie d'une sérénité et d'une fierté saine et constructive.

Aujourd'hui, j'ai le désir profond de devenir mère. J'aimerais un jour que ce soit mon tour, et qu'un enfant puisse m'appeler maman. Je pense que je m'épouserai encore mieux ainsi. Dans des moments plus compliqués du quotidien, j'essaye d'être la meilleure mère, la meilleure amie, la meilleure épouse pour moi-même. Je me pardonne, je m'écoute en m'offrant de la douceur et de l'apaisement. Bouger et respirer encore et toujours pour que le corps réaligne ce que l'esprit déstructure parfois, notamment par la pratique du yoga. »

Chapitre 3

NOUS SOMMES LES CRÉATEURS DE NOUS-MÊMES

« L'amour de soi est une idylle qui ne finit jamais. »

Oscar Wilde

Je tiens à vous livrer le plus grand secret que j'ai pu découvrir sur cette existence : *nous sommes créateurs de notre vie.*

Nous possédons à chaque instant le pouvoir de faire changer les choses. Simplement et déjà dans la manière dont nous nous positionnons vis-à-vis de chaque événement. Sommes-nous victimes ? Sommes-nous responsables ?

Le pire serait que nous nous sentions coupables. Je souhaite au contraire que ce livre puisse vous éclairer. Qu'il puisse vous aider à prendre conscience du levier d'action énorme que nous possédons en chacun de nous pour faire changer les choses. À commencer par nous.

Les opportunités que nous rencontrons ne sont pas toujours à la hauteur de nos attentes. Ainsi, il arrive que nous connaissions sans arrêt le même type de relation amoureuse vouée à l'échec, alors que notre seul désir est d'y échapper.

C'est le moment pour nous de revenir sur nos expériences, d'observer notre dynamique intérieure. Pourquoi je fais ces choix ? Pourquoi je m'accroche à ces désirs qui me conduisent aux mêmes déceptions ? En fait, si nous ne changeons pas, nous attirons toujours les mêmes situations, que ce soit au quotidien ou sur des sujets plus importants.

Ce que nous prenons pour des hasards de la vie sont en fait des projections de nos croyances inconscientes, des idées souvent réduites que nous nous faisons des autres et des choses qui nous entourent.

Votre vie illustre votre réalité. Donc nous avons à chaque instant le pouvoir de changer le cours des choses en nous changeant intérieurement.

Contrairement à ce que l'on voudrait trop souvent nous faire croire, notre époque est fabuleuse. Elle est l'expression d'un savant mélange d'audace, de remise en question et d'ouverture. Je croise sur ma route des êtres qui tentent le fabuleux pari de l'élévation et de la transformation. Ce n'est pas une mince affaire, mais ils se donnent les moyens de trouver les réponses en eux, plutôt que de blâmer les autres ou leur sort.

Ils décident de ne plus accepter de se confiner dans une perception étriquée d'eux-mêmes, de leurs capacités et de leurs possibilités. Ils acceptent l'idée qu'ils ont un rôle à jouer dans ce monde, pour l'améliorer à leur niveau. Et tous ont un point commun : ils ont appris à faire de leurs difficultés des tremplins pour devenir meilleurs.

Ce n'est pas en contemplant avec fatalisme un monde qui ne nous convient plus que nous ferons avancer les choses. Regardons ce que nous souhaitons changer pour décider des actions que nous voulons entreprendre. Ce changement nous touchera en premier, puis nos proches, et enfin tous ceux que nous rencontrerons sur leur chemin.

Et ce changement que nous méritons commence par une seule et unique action : *faire la paix avec nous-mêmes*. Sans compromis. Et pleinement.

Arrive ce jour fatidique où nous n'avons plus d'autre alternative que celle de nous choisir. C'est ainsi que nous cueillons les délicieuses prémices d'une relation harmonieuse avec nous-mêmes.

Nous n'aurons peut-être pas assez d'une vie pour nous lier inconditionnellement à ce que nous sommes, mais nous portons la responsabilité d'essayer dès à présent.

Pour tout vous dire, je n'ai jamais été en affinité avec le concept même du mariage. Je l'ai longtemps trouvé démodé. Il évoquait pour moi l'enfermement, sinon la castration. Jusqu'au jour où j'ai réalisé que ces *a priori* étaient les fruits de mes peurs.

Et si, pour être prête à m'engager avec un autre, et pourquoi pas jusqu'à la fin de mes jours, je devais d'abord commencer par moi-même ?

Nous résistons à ce qui nous effraie, à ce qui ne nous ressemble pas. Je n'ai jamais vu mes parents mariés, donc je n'avais pas de référence à laquelle me raccrocher. Je partais d'une page vierge sur laquelle je projetais l'inconnu, et surtout une peur terrible de l'engagement.

J'ai alors repensé l'idée même de l'union « pour le meilleur et pour le pire, jusqu'à ce que la mort nous sépare », et j'ai commencé à lui donner du sens. Et si, pour être prête à m'engager avec un autre, et pourquoi pas jusqu'à la fin de mes jours, je devais d'abord commencer par moi-même ?

Eaden, 41 ans

« On doit s'aimer sans chercher à justifier son existence. »

« J'ai commencé à m'aimer le jour où j'ai pris conscience que je faisais naturellement de moins en moins de compromis avec ce que je désirais. J'ai souffert d'un sens aigu de l'autocritique. Je n'arrivais jamais à être pleinement satisfaite. J'ai compris que quelque chose en moi s'opposait à ce que je sois totalement heureuse.

En observant ce mécanisme, j'ai décidé de le transformer. J'ai découvert qu'au nom de ce que je désirais être, j'étais plus patiente et plus courageuse que je ne le pensais. Aujourd'hui, je suis rassurée sur le fait que je sais dire : "Non, ce n'est pas ce que je veux, cela ne me rend pas heureuse" et "Oui, je suis prête à tous les changements, au nom de mes désirs". Je ne cherche plus de raison pour m'aimer. L'amour de soi n'est pas une question de mérite ou de qualité. On doit s'aimer sans chercher à justifier son existence. Je refuse de garder des pensées qui me dévalorisent. C'est totalement inutile. »

Chapitre 4

REPARTIR DU DÉBUT

« C'est dans la connaissance des conditions authentiques de notre vie qu'il nous faut puiser la force de vivre et des raisons d'agir. »

Simone de Beauvoir

Je pense que nous avons tout à gagner, pour mieux comprendre qui nous sommes et ce que nous sommes devenus, à revenir au commencement de notre parcours personnel.

Ce cheminement vous permettra de retrouver vos aspirations profondes, de vous demander : que suis-je devenu ? Et surtout, qu'est-ce que j'aime en moi ? Quelle personne je veux être maintenant ?

Pour ma part, dès mon plus jeune âge, j'ai voulu devenir journaliste. C'était, dès le départ, mon rêve.

J'adorais écrire de longs textes traduisant mes émotions de jeune fille amoureuse, me perdre dans des poèmes au lyrisme exacerbé, et passer de longues heures dans mon lit à dévorer des romans.

J'ai toujours eu besoin de me nourrir d'histoires, de croire en une part de magie inhérente à l'existence. Je me rêvais femme du monde, auteure à succès, exploratrice des genres littéraires.

Oui, la littérature m'a offert de précieux moments d'élévation. Elle a nourri mon âme de sa magie aussi puissante que subtile.

Malgré une longue période de timidité et de complexes qui ont fait de mes premières années d'adolescence un calvaire sentimental, j'ai senti un souffle nouveau à mes 15 ans. Une bouffée d'air frais. Je n'étais jusqu'alors ni vraiment brillante, ni vraiment jolie, ni dotée d'un talent particulier. Et l'image que j'avais de moi était loin d'être positive.

Puis j'ai changé d'établissement quand je suis entrée au lycée. En changeant d'entourage, cela m'a donné la possibilité de porter un regard nouveau sur la toute jeune femme que j'étais. Ces trois années, riches en expériences et en découvertes, ont été déterminantes pour moi et me nourrissent encore.

D'abord parce que je suis allée à la rencontre de la personne que je voulais devenir. Le lycée est, pour beaucoup d'entre nous, le temps des premières fois.

Et pour la première fois, j'ai osé m'exprimer, m'affirmer en paroles, accepter mes émotions. J'ai enfin pu me faire de véritables amies, ouvrir mon cœur. Parce que j'osais enfin prendre des risques, j'obtenais des victoires. Et si je vous parle aujourd'hui de ces années, c'est parce qu'elles ont été déterminantes dans ma construction.

C'est une époque où j'ai commencé à m'apprécier à partir de quelques ingrédients essentiels : le dépassement de moi, la spontanéité, l'audace.

C'est en prenant le risque d'être critiqué que nous nous découvrons. Pour ma part, je n'hésitais plus à me porter volontaire pour présenter des exposés devant mes camarades. J'osais prendre un micro et chanter à l'occasion de certains événements. J'ai même choisi d'ajouter l'option danse à mon baccalauréat, et je peux vous dire que je me suis ridiculisée !

Bref, j'essayais, aussi souvent que possible, de sortir de ce que les psychologues appellent la « zone de confort », cet espace mental où nous nous sentons en sécurité, parce que nous contrôlons ce qui s'y passe.

Je tentais toujours plus loin l'aventure, rarement avec succès, mais avec une ferme détermination. Au départ, la prise de risque n'a pas besoin de plans longs et compliqués, seulement de spontanéité.

Réaliser des désirs simples, comme oser parler en public par exemple, nous donne accès à de petites victoires importantes pour comprendre notre potentiel. Ces dépassements de soi, même infimes, changent notre quotidien et lui donnent une tournure inattendue.

En un mot : faites-vous confiance ! C'est à partir de petites audaces que nous changeons peu à peu notre existence.

Au sortir de l'adolescence, je ne m'aimais pas encore assez, mais j'avais commencé à construire une confiance en moi.

Je me rendais compte de ma capacité à m'exprimer facilement sur des sujets qui me passionnaient – de même que mes difficultés à travailler sur d'autres, dont je ne comprenais pas l'utilité. J'étais très irrégulière dans mon fonctionnement. Je pouvais être aussi concentrée que dissipée selon les disciplines. Toute dévolue à ma sensibilité, je ne trouvais pas le juste milieu ; à vrai dire, je ne le cherchais même pas.

Cela se ressentait dans mon humeur également. Mes émotions ressemblaient à des montagnes russes. Je pouvais basculer, d'un instant à l'autre, d'une violente colère à une joie débordante.

Vous ne pouvez expérimenter l'amour de soi sincère et juste qu'en apprenant à vous connaître, à distinguer en vous ce que vous aimez et ce que vous voulez changer.

Bien sûr, l'adolescence est déterminante dans notre parcours de vie. Le système éducatif nous renvoie à notre inexpérience, et nous donne bien souvent l'impression que nous serons toujours défaillants : ni assez intelligents ni assez cultivés.

Vous ne pouvez expérimenter l'amour de soi sincère et juste qu'en apprenant à vous connaître, à distinguer en vous ce que vous aimez et ce que vous voulez changer.

J'ai pourtant appris durant cette période que je possédais des traits de caractère qui étaient autant de manifestations de ma singularité. Mais il n'y a pas d'aptitude qui soit fondamentalement meilleure ou pire qu'une autre. « On ne juge pas les capacités d'un poisson à grimper aux arbres, ni d'un singe à respirer sous l'eau », disait Einstein.

C'est la même chose pour chacun d'entre nous. Le but de l'existence est de nous révéler à nos talents qui sont uniques, personnels, singuliers. Aucun système éducatif ne peut complètement s'adapter à la diversité extraordinaire des individus.

J'ai conscience d'avoir eu un parcours de vie privilégié. Je vous parlais de ma passion pour le métier de journaliste. À 19 ans, j'ai eu ce privilège de commencer à écrire pour une rédaction. Les hasards de la vie (qui n'en sont pas vraiment) m'ont ouvert les portes d'un groupe de presse qui a eu l'audace de me donner ma chance. Et à l'époque, j'avais tout à apprendre.

Voilà maintenant huit ans que je dirige l'antenne de Radio Médecine Douce. Ce métier m'a permis de m'exercer autant au journalisme écrit qu'à l'animation radio. Mais, surtout, il m'a donné l'opportunité de réaliser mon rêve d'enfant.

Et ce rêve ne m'a pas suffi. Une fois que je l'ai réalisé, j'ai pris conscience que je pouvais en réaliser bien d'autres, ce qui fait que chaque jour je peux me permettre de formuler d'autres rêves.

Depuis son commencement, Radio Médecine Douce a beaucoup grandi. Au départ, nous n'avions pas d'autres auditeurs que les développeurs du site. Il a fallu mettre en place une grille d'antenne, enregistrer beaucoup d'émissions, et nous faire aimer des premiers auditeurs téméraires.

Après huit années d'existence, la radio a trouvé son public et les auditeurs ont trouvé leur radio. Ce n'est pas simplement un projet, c'est une histoire d'amour.

À défaut d'avoir immédiatement été une animatrice et une directrice d'antenne émérite, j'ai mis dans mon travail tout ce que j'avais de plus précieux : ma sincérité, ma passion à comprendre l'humanité, mon goût de l'effort.

Les messages de gratitude que je reçois chaque jour depuis des années témoignent des bienfaits que ce média consacré au développement personnel peut prodiguer à ses auditeurs. Avec quelques années de recul, je réalise que ce sont les fruits de l'authenticité.

Au moment où j'écris ces lignes, lorsque je mesure le chemin parcouru, je suis fière.

J'ai eu bien des moments de doute et de révélations, des déclics qui ont changé ma vie d'un instant à l'autre. Lorsqu'on passe ses journées à donner la parole à des experts de la santé, de la psychologie positive, du bonheur, c'est comme de vivre une thérapie accélérée.

J'ai eu cette chance extraordinaire de parvenir à une lecture plus claire de moi-même, d'accéder aux outils existentiels indispensables à mon évolution personnelle. Il ne suffit pas de prendre conscience de nos traumatismes et de nos blocages : il faut tout mettre en œuvre pour s'en libérer; et j'ai compris que c'était ça, le plus long chemin à parcourir.

Aude, 27 ans

« J'apprends à me connaître chaque jour. »

« Je n'épouse pas encore pleinement tout ce que je suis, mais j'apprends à me connaître chaque jour. Pour développer une attention plus présente à moi-même, je m'offre un peu de yoga chaque matin pour me réaligner, un bain bien chaud quand j'ai besoin de prendre soin de moi. J'aime aussi prendre un petit-déjeuner au lit le week-end et prendre le temps de lire et de ne rien faire d'autre. Il m'arrive aussi régulièrement de découvrir ou redécouvrir des albums d'artistes que j'aime. Mes remèdes pour mes journées de scène de ménage : prendre 10 minutes avec l'application Headspace pour travailler sur ma respiration. Si je peux, faire une sieste me remet généralement d'aplomb. Et enfin, appeler une amie de toujours. »

Chapitre 5

NOS MÉCANISMES INCONSCIENTS

« La première chose à faire en psychothérapie est de ne pas essayer de contraindre l'être humain à modifier sa manière de penser; il est préférable de créer des situations dans lesquelles l'individu modifiera lui-même volontairement sa façon de penser. »

Milton Erickson

La grande question que pose le développement personnel est celle-ci : « Quelle est la clé, s'il devait n'y en avoir qu'une, qui nous permet de vivre pleinement notre vie ? »

L'amour de soi a été la réponse commune à presque toutes les interviews que j'ai menées avec des thérapeutes. Selon eux, la dysharmonie existentielle naît d'un rejet de soi.

D'autre part, l'Organisation mondiale de la santé (OMS) identifie santé et bien-être. Même pour une institution aussi rigoureuse, la santé n'est pas une question seulement physique, mais aussi psychologique.

Le bien-être est donc un équilibre entre esprit et corps, que traduisent nos émotions. Si nous broyons du noir, bien manger ne suffira pas à pourvoir à notre santé globale. Et pareillement, notre vitalité dépend autant du physique que du mental.

Jonathan Lehmann, auteur des Antisèches du bonheur[1], explique, dans sa conférence TEDxValenciennes, que notre cerveau est conçu, d'un point de vue physiologique, pour résoudre les problèmes qui se posent à lui.

---

1. « Les antisèches du bonheur », à découvrir sur jonathanlehmann.fr

Mais ce ne sont pas les problèmes ancestraux, de survie, auxquels nous sommes confrontés aujourd'hui. Cette faculté que nous avons de surmonter les épreuves physiques ne nous est plus aussi importante.

Nous ne pouvons plus laisser nos réflexes aux commandes, ou même seulement nous concentrer sur les problèmes à résoudre. Ou du moins, si nous voulons nous sentir bien dans notre tête et dans notre chair, nous devons accepter la nécessité d'un équilibre dans notre vie comme étant non pas un problème, mais le travail central de notre existence. En somme, comment apprendre à être heureux.

La science parle aujourd'hui de neuroplasticité, cette capacité que nous avons à récréer ou à renforcer de nouveaux circuits neuronaux sur une période de vingt et un jours. William James, considéré comme le fondateur de la psychologie aux États-Unis, expliquait en 1980 dans son *Précis de psychologie*[1] qu'« une des plus grandes découvertes de notre temps, c'est que l'humain peut changer sa vie, en changeant son attitude face à celle-ci ».

Ce n'est donc pas pour rien qu'il existe des ouvrages qui vous proposent de transformer votre vie en vingt et un jours. Je pense notamment au best-seller de Christine Lewicki, *J'arrête de râler !*[2].

En vingt et un jours, elle nous propose d'arrêter de subir notre vie. Selon elle, la râlerie vient d'une intense

1. William James, *Précis de psychologie* [1890], Les Empêcheurs de tourner en rond, 2002.
2. Christine Lewicky, *J'arrête de râler en 21 jours*, Eyrolles, 2011.

frustration : non seulement les choses ne se déroulent pas comme nous l'avions imaginé, mais il semble que nous n'avons aucun levier pour les changer.

Le pire, c'est que plus on râle, plus on a envie de râler. C'est un cercle vicieux qu'il n'est pourtant pas impossible d'inverser. Si l'auto-apitoiement s'engendre lui-même, sinon s'empire, la positivité, elle aussi, mène à plus de positivité.

Dès lors que nous mettons en place des habitudes positives et créons de nouveaux circuits neuronaux, nous créons également un cercle vertueux. Par conséquent, si pendant vingt et un jours nous devenons attentifs et conscients de nos moments de frustration, que nous nous retenons de pester et que nous préférons nous focaliser sur le positif, nous commençons déjà à transformer notre vie.

Par ailleurs, si chaque soir, avant de nous endormir, nous repensons à des moments agréables, nous développons notre gratitude envers la vie. Il ne s'agit pas seulement d'autosuggestion, mais aussi de mécanismes cérébraux essentiels pour nous sentir heureux. C'est l'idée merveilleuse que développe Florence Servan-Schreiber avec ses *3 Kifs par jour*[1].

Déshabituer votre cerveau à la frustration, la râlerie et à la résolution intempestive de « problèmes », pour faire de la place à la joie, à la résilience et à la gratitude, c'est finalement un entraînement ! Et la bonne

1. Florence Servan-Schreiber, *3 Kifs par jour*, Marabout, 2014.

nouvelle, c'est que chacun peut s'y exercer. Il suffit d'en faire le choix.

Avec l'essor de la psychologie positive, un torrent d'études scientifiques se déverse dans nos vies, pour le meilleur. Ces livres nous permettent d'entrevoir concrètement l'importance de s'entraîner à penser positivement.

Oui, être heureux s'apprend, comme n'importe quel domaine de compétence. Il arrive que nous soyons des cancres, que certains soient naturellement plus doués que les d'autres, mais nous avons tous le pouvoir de nous instruire dans cette matière. Plus nous apprenons à percevoir le positif, même dans les cas de nos pires ratages, plus l'apprentissage se fait avec rapidité et fluidité.

Finalement, savoir échouer, c'est s'entraîner à réussir.

Finalement, savoir échouer, c'est s'entraîner à réussir.

Voilà pourquoi, moi aussi, ces dernières années, j'ai décidé de changer la donne. À chaque problème que je rencontrais, qu'il s'agisse de santé, de relations, ou d'argent, je tentais de lui donner du sens. J'ai pris le temps d'observer chacune de ces épreuves comme un reflet de ce que j'étais à ce moment-là. Cela me permettait de puiser assez de bienveillance en moi pour les supporter.

Je rencontrais des thérapeutes, lisais des ouvrages, regardais des conférences. Je creusais ce que mon souci pouvait dire de moi et j'orchestrais le changement nécessaire. Au bout d'un certain temps, nous finissons par reconnaître qu'il n'y a aucune punition dans la vie, seulement des tentatives pour nous rapprocher du meilleur de nous-mêmes.

Anne-Claire, 34 ans

« *Aujourd'hui, je m'adore.* »

« Lorsque j'étais adolescente, j'allais voir un psy en cachette. En fait, je cherchais déjà comment mieux vivre avec moi-même. Aujourd'hui, je m'adore. Par contre, je trouve encore compliqué le dialogue avec certaines parties inconscientes de moi. Je vais à leur rencontre avec beaucoup de bienveillance, pour chercher à les comprendre et surtout qu'elles se sentent entendues.

Le temps que je passe en tête à tête avec moi est très important. Je médite, je fais des rituels, j'écris ou tout simplement je prends un bain. Mes relations avec les autres ne sont que la projection de la relation que j'ai avec moi. Du coup, je ne me victimise plus, je gagne du temps et je vais explorer ce que ça veut dire de moi. »

Chapitre 6

LA MALADIE, EXPRESSION DU MANQUE D'AMOUR ?

« Je suis malade, complètement malade,
comme quand ma mère sortait le soir
et qu'elle me laissait seul avec mon désespoir. »

Serge Lama

Évidemment, lorsque le corps va mal, nous avons encore plus de difficultés à nous aimer. La douleur crée un point de rupture avec soi : nous ne nous contrôlons plus, nous ne nous reconnaissons plus. Nous voudrions presque nous échapper de cette enveloppe qui nous cause tant de souffrances.

J'assistais, il y a peu, à un événement autour de l'amour de soi. Une jeune femme de 20 ans a pris la parole à la fin de l'échange et a témoigné du profond désamour qu'elle avait pour elle, jusqu'à préciser qu'il ne s'agissait pas d'un manque d'amour pour la femme qu'elle est, mais pour la maladie qu'elle porte en elle.

Le désordre physiologique nous pousse-t-il à nous détester ? Ou est-ce parce que nous ne nous aimons pas que nous nous créons des fragilités et des pathologies ?

Le corps nous parle à chaque instant, et nos désordres de santé seraient une des formes de ce langage.

L'approche psychosomatique met en lumière la maladie comme expression du corps. Ainsi, le décodage biologique, rendu célèbre par le docteur Ryke Geerd Hamer, a ouvert un courant de compréhension de nos maux. Selon cette discipline, le corps nous parle à chaque instant, et nos désordres de santé seraient une des formes de ce langage.

Depuis quelques années, je consulte beaucoup d'ouvrages sur ce sujet, comme *Décodage biologique des maladies – L'Encyclopédie des correspondances symptômes-émotions*[1] de Christian Flèche ou *Le Grand Dictionnaire des malaises et des maladies*[2] de Jacques Martel. J'utilise régulièrement ces références lorsque je souhaite comprendre ce que mon corps exprime.

C'est une piste de réflexion que j'aime emprunter car elle me donne accès à une lecture intelligente de mon corps. Je n'imagine plus me punir en me faisant souffrir, mais plutôt me parler. Les prises de conscience que j'en retire sont toujours intéressantes, me permettent d'en apprendre plus sur moi-même. Nous souffrons le plus souvent de ce qui nous tracasse, voire de ce qui nous obsède.

Pareillement, Jean Motte, acupuncteur et directeur du centre de formation Imhotep, m'a un jour expliqué que, pour la pensée chinoise, le désordre physiologique est lié soit à un problème émotionnel, soit à une « attaque du climat ». Or, il est dit dans le *Huainanzi*, un traité de philosophie taoïste, que même les climats sont sous la responsabilité des émotions.

1. Christian Flèche, *Décodage biologique des maladies – L'Encyclopédie des correspondances symptômes-émotions*, Souffle d'or, 2012.
2. Jacques Martel, *Le Grand Dictionnaire des malaises et des maladies*, Quintessence, 2007.

Pour expliciter cette pensée, prenons l'exemple d'une baisse de température soudaine qui nous fait tomber malade. Qu'est-ce qui fait que d'une personne à l'autre, la résistance aux agressions extérieures n'est pas la même ? Pour la pensée chinoise, la clé de voûte de notre immunité, c'est encore et toujours nos émotions.

Du point de vue de l'organisation interne de notre corps, chaque organe travaille à sa place et pour sa fonction ; et tous sont rassemblés autour du cœur. Celui-ci est alors empereur de la forteresse qui protège l'ensemble de notre monde intérieur de sa bienséance, par sa capacité à gérer nos émotions.

Dès lors, si nous respectons notre équilibre intérieur, nous baignons dans une chaleur bienfaisante. L'adaptation aux conditions extérieures et à nos émotions passagères se fait sans tracas, c'est-à-dire sans problème de santé.

Au contraire, lorsque l'émotion devient répétitive, ou lorsqu'elle est provoquée par une violence subite, cela engendre un bouleversement organique.

Nous nous adaptons constamment à nos conditions de vie. Cela consiste principalement à lutter contre les agressions extérieures – comme les virus ou les bactéries pathogènes. Mais lorsque nous ne sommes plus en paix et que nos troubles émotionnels persistent, le corps ne perçoit plus les dangers qui le menacent et n'est donc plus en mesure de lutter contre eux.

La science nous en donne aussi la preuve. De par sa connexion avec le cœur, le thymus, qui entretient nos cellules immunitaires, est le premier organe directement affecté par les émotions négatives, ce qui finit par brouiller nos capacités défensives.

Les cellules macrophages, qui, en temps normal, phagocytent les éléments pathogènes, n'arrivent plus à différencier l'ami de l'ennemi. Le corps perd sa capacité à repérer ce qui lui appartient et ce qui l'attaque.

D'où l'existence des maladies auto-immunes, où le corps perçoit tellement mal la différence entre ce qui est à lui et ce qui l'attaque, qu'il finit par s'attaquer lui-même. Le diabète, la maladie de Crohn, la sclérose en plaques ou encore le vitiligo en sont les exemples les plus connus. Tous les organes peuvent en souffrir, et l'ulcère de l'estomac en est un autre exemple également très fréquent.

Ces maladies auto-immunes, reconnues comme telles seulement depuis les dernières décennies, représentent aujourd'hui la troisième cause de mortalité après les maladies cardio-vasculaires et les cancers. Elles se nourrissent de nos peurs profondes, de nos angoisses. Elles sont l'expression même de l'autodestruction. On ne peut les traiter qu'en prenant en charge nos émotions les plus enfouies, les plus cachées, et en travaillant sur nous-mêmes.

Prenons le cas où je développe un problème d'hypothyroïdie à cause d'une blessure intime due à une colère envers les hommes. Par la suite, il se peut que, de déception en déception, cette colère finisse par atteindre à mon intégrité : j'en viens à ne plus m'aimer, à cause de mon impuissance à changer les choses. Mon problème d'hypothyroïdie peut alors se compliquer en une maladie auto-immune qui n'est pas si rare, la thyroïdite de Hashimoto.

Est-ce un sacrifice de soi ? Une punition que je m'inflige ? Dans tous les cas, il s'agit d'y remédier au plus vite. L'acupuncture, l'homéopathie, la phytothérapie (pour rééquilibrer les émotions) et bien sûr le travail psychologique de la relation à soi-même se révèlent indispensables pour traiter ce que je m'inflige.

À ce titre, les fleurs de Bach sont des remèdes floraux qui nous aident à rééquilibrer nos émotions. Elles sont très utiles à prendre dans les moments difficiles, et permettent d'éviter que nos tracas de santé ne dégénèrent en pathologies lourdes.

Le docteur Bach (1886-1936), homéopathe, a créé une thérapie par les élixirs floraux appelée « Fleurs de Bach ». Selon lui – et en accord avec la pensée chinoise –, à l'origine de chaque maladie se trouve une émotion mal vécue et non assimilée. Il a donc mis au point 38 élixirs floraux, associés chacun à une émotion particulière. Les remèdes peuvent être mélangés et adaptés à la situation émotionnelle que vous traversez. « Je voudrais que ce soit aussi simple que ceci, disait-il. Si j'ai faim, je vais chercher une laitue au jardin, si j'ai peur et que je suis malade, je prends une dose de Mimulus. »

Je vous renvoie notamment aux émissions que j'ai enregistrées avec Nathalie Auzeméry[1], conseillère agréée par le Centre Bach et formatrice de niveau I, qui conseille, pour les questions de confiance en soi, quatre remèdes – chacun d'entre eux étant élaboré à partir d'une fleur unique.

Ces remèdes nous aident à travailler sur nos émotions relatives au désamour de soi. Comme dans chaque situation, tout est toujours une question d'équilibre. Les fleurs de Bach nous permettent d'endiguer des fonctionnements en principe positifs et altruistes, mais qui, lorsqu'ils deviennent des obsessions, finissent par nous ronger et entraînent chez nous un déséquilibre émotionnel global.

Centaury (la fleur de centaurée) : elle est recommandée aux personnes qui se mettent trop facilement au service des autres, qui veulent toujours faire plaisir, jusqu'à s'oublier elles-mêmes, au point de ne plus se respecter. Par exemple, si vous avez tendance à toujours faire passer les autres avant vous.

Crab Apple (pommier sauvage) : elle convient aux personnes qui cherchent à se débarrasser d'une petite partie d'elles-mêmes qu'elles trouvent sale ou impure, en

1. Notamment : http://radiomedecinedouce.com/broadcast/31105-Les-fleurs-de-Bach

se focalisant dessus. Sans prendre bien sûr conscience que la seule personne à laquelle nous pouvons nous comparer, c'est nous-mêmes, et que nous sommes toujours parfaits, comparés à nous-mêmes. Ce remède est à prendre, par exemple, si vous êtes obsédé par un défaut physique qui vous complexe et vous gâche la vie.

Larch (fleurs de mélèze d'Europe) : convient à celles et ceux qui manquent de confiance dans leurs capacités, se dévalorisent et se comparent sans arrêt aux autres, jusqu'à se couper de leur nature, de leurs désirs et de leurs principes. Par exemple, si vous avez l'impression de déshonorer vos valeurs en cherchant à tout prix à être aimé des autres.

Pine (pin sylvestre) : recommandé pour une personne qui se fait régulièrement des reproches et se sent coupable facilement. Comme si elle ne s'autorisait pas le droit au bonheur, puisqu'elle pense qu'elle ne le mérite pas. Ce remède vous conviendra, par exemple, si vous n'avez pas suffisamment reçu d'amour, et donc, inconsciemment, que vous pensez ne pas mériter d'être aimé ou d'aimer en retour.

La posologie reste la même pour chacune de ces fleurs : deux gouttes d'élixir à prendre au minimum quatre fois par jour, jusqu'à l'amélioration des symptômes émotionnels.

Alice, 26 ans

« L'amour de soi est la clé du bonheur. »

« Je pense que j'ai véritablement commencé à m'aimer, après une période de mon adolescence où j'ai mené mon corps à rude épreuve, où j'ai été d'une intransigeance extrême vis-à-vis de la jeune femme en souffrance que j'étais. Une intransigeance qui m'a amenée à flirter avec la mort. Je me suis aimée lorsque j'ai compris que l'amour de soi, avant de jouir de celui des autres, était la clé du bonheur. J'ai alors intégré profondément que je n'avais pas besoin de l'approbation de l'autre pour m'aimer et me faire du bien. Je me suis offert l'autorisation pour goûter avec gourmandise au bonheur d'être qui je suis. J'ai alors savouré pleinement la liberté d'aimer vivre en tête à tête avec moi-même. J'ai enfin compris qu'il n'y a rien de plus fort au monde que la douceur. Aujourd'hui, je vis mes rêves, je colore chaque jour avec ma palette de couleurs. Je m'offre de précieuses parenthèses d'apaisement. Un des plus beaux ingrédients pour rester en harmonie avec moi-même, ce sont les précieux moments partagés avec mes amis, ces moments de complicité et de partages qui nourrissent mon être tout entier. »

Chapitre 7

APPRENDRE À AIMER

« Aimer, c'est bien, savoir aimer, c'est tout. »

Francois-René de Chateaubriand

Je suis profondément convaincue que l'objectif d'une vie est d'apprendre à aimer.

Nous ne sommes pas tous nés de l'amour. Pourtant, le miracle de la conception s'est opéré. Et nous avons rejoint dignement cette Terre, faisant preuve d'un grand courage.

La naissance n'est pas simple. Au moment où nous décidons que le ventre maternel n'est plus un refuge assez vaste, nous entreprenons une quête des plus périlleuses. Nous franchissons les étapes une à une et affrontons la peur de l'inconnu – la plus grande qui puisse exister.

Dites-vous que chaque jour de notre existence, nous portons en nous le don le plus éphémère qui nous ait été donné : celui de vivre.

Finalement, venir au monde, c'est prendre le risque de mourir. Dites-vous que chaque jour de notre existence, nous portons en nous le don le plus éphémère qui nous ait été donné : celui de vivre. Voilà exactement pourquoi la vie a tant de valeur.

Rien ne nous appartient. Tout est provisoire. Face à cet immense flot de perspectives inconnues, nous prenons peur. Et c'est normal.

Alors pour nous rassurer, nous nous employons à croire que ce qui nous entoure (nos possessions, notre travail, mais aussi nos relations) nous appartient. C'est une manière de fuir l'impermanence des choses et des situations, mais aussi de la vie.

Plus nous voguons avec incertitude sur le courant de la vie, plus nous cherchons à contrôler et à posséder ce que nous connaissons du monde extérieur, et plus ce qui ne dépend pas de nous nous échappe.

Notre finitude, ce sont nos limites : nous ne pouvons pas être partout, nous ne pouvons pas tout faire, et nous ne serons pas toujours.

Si nous tentons de lâcher prise et d'accepter notre finitude, nous prenons pleinement conscience de la richesse de l'instant. Les secondes sont des chances, les minutes des trésors et les jours des bénédictions.

C'est en acceptant nos limites que nous comprenons que nous faisons partie d'un tout.

La vie exige de nous du courage, mais, surtout, elle demande de nous que nous en comprenions les formes et les fonctionnements profonds. Apprenons à regarder ce qu'elle nous offre. Chaque jour est la promesse d'un grand voyage vers la joie et l'amour.

Et après tout, quel plus grand bonheur nous offre la vie, que celui d'aimer ? Arouna Lipschitz, philosophe de l'apprentissage amoureux nous l'enseigne clairement : « Aimer, c'est prendre le risque de l'échec car il vaut mieux avoir souffert d'amour que n'avoir jamais aimé[1]. »

Et pour s'éviter de souffrir le moins possible (le risque zéro n'existant évidemment pas), nous devons tous apprendre.

Nicolas, 24 ans

« *J'ai appris à faire confiance à la vie.* »

« Je me suis aimé le jour où j'ai su dire "non" : à mes parents, aux professeurs qui avaient une autorité mal placée, à mon premier petit ami qui m'enfermait dans ses peurs, et à une vie qui ne me correspondait pas. J'ai su faire taire cette petite voix en moi, qu'on pourrait qualifier de saboteuse, car elle me retenait dans une existence que je subissais. J'essaye aujourd'hui d'accueillir pleinement la personne que je suis, avec ses qualités et ses défauts, dans les réussites comme dans les échecs. Ce que la vie place sur mon chemin n'est pas le fruit du hasard. J'en suis aujourd'hui persuadé et j'ai appris à lui faire confiance. Grâce au fait de gagner ma vie, j'accepte pleinement de me faire plaisir. Je me fais des cadeaux, je prends soin de moi en investissant sur mon bien-être. J'essaye également de sublimer mon quotidien à travers des petits gestes comme m'acheter des fleurs ou de la décoration pour mon appartement, nourrissant ainsi mon besoin de beauté. »

---

1. Arouna Lipschitz, *La Voie de l'amoureux – Savoir aimer plutôt que rêver d'amour,* Robert Laffont, 2006.

Chapitre 8

TROUVER SA LÉGENDE[1]

« Ne te demande pas ce dont le monde a besoin,
demande-toi ce qui te rend vivant,
et ensuite vas-y et fais-le.
Car ce dont le monde a besoin,
c'est de personnes vivantes. »

Thurman Whitman

1. Terme rendu célèbre par Paulo Coelho dans son ouvrage *L'Alchimiste*, J'ai lu, 1988.

En vous épousant, vous ne faites pas seulement la paix avec tout ce que vous êtes, vous ne prenez pas seulement conscience du cadeau d'être en vie, vous touchez à votre propre raison d'être.

Nous sommes de plus en plus nombreux à perdre le sens de nos métiers, à ne plus comprendre réellement pourquoi nous nous levons chaque matin.

Selon Arnaud Riou, auteur de l'ouvrage *Les Nouveaux Sages*[1], 9 % d'entre nous seulement sommes contents de nous lever le matin, estimant que notre travail a du sens. Une majorité d'entre nous (61 %) se lève dans l'indifférence, travaillant seulement pour donner du sens à sa vie hors de son travail. Et près d'un tiers d'entre nous (30 %) se lève farouchement hostiles à se rendre sur son lieu de travail.

Ce constat est alarmant : moins de 10 % des travailleurs français seraient heureux de travailler chaque jour. Le monde professionnel ne nous offre plus ni sens ni perspective.

Il arrive donc un moment où, à cause d'un accident ou d'un épuisement professionnel (le *burn-out*), nous rejetons notre vie professionnelle passée et cherchons

1. Arnaud Riou, *Les Nouveaux Sages*, Solar, 2017.

un métier porteur de plus de sens, d'une mission – ou tout simplement une vocation.

Et de toute façon, si nous ne cherchons pas à donner du sens à nos vies, c'est notre quête de sens qui finit par nous trouver. Nous portons tous en nous le besoin de contribuer à rendre ce monde meilleur, comme le colibri, qui, goutte d'eau par goutte d'eau, contribue, à sa mesure, à éteindre l'incendie.

L'amour de soi est ce carburant dont nous avons besoin pour nous conduire au bonheur et même nous donner envie de nous lever le matin.

Trouver du sens dans notre vie, cela passe par identifier nos passions et leur laisser libre cours. Nous livrer aux activités qui nous nourrissent intérieurement, qui provoquent chez nous des émotions authentiques, et dont nous nous sommes éloignés parce que nous avons été convaincus que « le travail n'est pas de l'amusement ».

Je suis persuadée du contraire. C'est lorsqu'on tire du plaisir de son travail que l'on fait preuve de compétence et d'investissement.

Cessons donc de gagner notre vie à la perdre ! L'amour de soi est ce carburant dont nous avons besoin pour nous conduire au bonheur, nous faire accéder à cette joie qui n'existe qu'au fond de nous-mêmes, et même nous donner envie de nous lever le matin.

C'est en réinventant nos métiers, ou en optant pour d'autres pleinement enrichissants, que nous offrons à notre existence le sens qu'elle mérite.

« Il n'y a qu'une chose qui puisse rendre un rêve impossible, c'est la peur d'échouer », nous transmet Paulo Coelho dans *L'Alchimiste*.

Leila, 34 ans

« Ma crise de sens m'a rapprochée de moi. »

« J'ai commencé à m'aimer il y a deux ans, après une profonde remise en question qui a fait suite à un *burn-out*. J'étais physiquement saturée par mon investissement au sein d'un monde professionnel qui ne me correspondait plus. Ma crise de sens – c'est-à-dire mon besoin d'envisager ma vie professionnelle sous un autre angle – m'a rapprochée de moi. Après des mois à gratter le vernis de mes croyances et de mes conditionnements, je me suis trouvée. À cet instant où j'ai reconnu ma vulnérabilité et mes émotions, j'ai rencontré l'homme de ma vie. Cette ascension vers mon véritable moi n'est jamais linéaire, ce sont des va-et-vient qui demandent du courage et de la confiance. »

QUI SUIS-JE, MOI,
POUR ÊTRE BRILLANT, RADIEUX, TALENTUEUX
ET MERVEILLEUX ?

EN FAIT, QUI ÊTES-VOUS POUR NE PAS L'ÊTRE ?

[...] AU FUR ET À MESURE
QUE NOUS LAISSONS BRILLER NOTRE PROPRE
LUMIÈRE, NOUS DONNONS INCONSCIEMMENT
AUX AUTRES LA PERMISSION DE FAIRE DE MÊME.

– Discours prononcé par Nelson Mandela
lors de son intronisation à la présidence
de la République de l'Afrique du Sud en 1994.
Texte attribué à Marianne Williamson.

La transformation

✿ ✿ ✿

Où l'on accepte enfin qui l'on est

Chapitre 9

L'ÉGOÏSME ÉCLAIRÉ

« L'égoïsme n'est pas l'amour de soi, mais une passion désordonnée de soi. »

Aristote

Le mariage à soi-même dont je parle n'a rien à voir avec le narcissisme ou l'égoïsme. C'est une des facilités de notre temps que de confondre l'amour de soi avec l'amour exclusif de soi.

Pour aimer vraiment les autres, il faut avoir la lucidité de s'aimer, tout en ayant pleinement conscience de ses défauts. Mais j'en ai bien conscience : tout discours peut être détourné, particulièrement ceux dont la vocation est un tant soit peu spirituelle.

Il n'est donc pas question, dès lors que nous décidons de nous épouser, de ne plus laisser de place à l'autre ou aux autres. Les autres existent, autour de nous, mais aussi, émotionnellement, en nous, quel que soit le rôle qu'ils jouent dans notre parcours. Qu'ils nous tiennent lieu de supports, ou d'obstacles, ils sont présents à nous, font partie de nous, de notre naissance jusqu'à la fin de notre vie.

Et en premier lieu, les autres, ce sont nos parents. C'est à travers leur regard que nous nous acceptons ou nous nous rejetons, que nous devenons conscients de nous-mêmes. Avec les bonheurs que cela implique, mais aussi les petites failles et les petites blessures que laisse une éducation qui ne peut être qu'imparfaite, et qui parfois ne cicatrisent pas, même une fois que nous sommes devenus adultes.

Ensuite, bien sûr, il y a le regard que portent sur nous la société, les proches et les moins proches. Leurs jugements laissent une profonde impression sur nous, que ce soit à l'adolescence ou plus tard encore. Ces jugements nous marquent, influencent nos comportements et notre façon d'appréhender le monde, nous dissuadent ou nous encouragent à emprunter certains chemins.

Et puis, il y a nos amours. L'être aimé est en partie imaginaire, en partie réel, et ce dès la rencontre. Il y a une part de mythique, de rêve, qui fait de ceux que nous aimons notre prince charmant ou notre reine douce et sensuelle. Nous l'investissons de beaucoup d'espoirs et de craintes, avec tous les risques que cela comprend, dès lors que nous n'avons pas appris, avec lucidité, à regarder ce qu'il ou elle représente à nos yeux.

En somme, même dans le mariage avec soi, l'autre est partout. Mon idée n'est pas du tout de le mettre hors jeu, bien au contraire. C'est de lui permettre d'entrer dans notre monde comme un invité choyé, mais un invité néanmoins. En lui laissant occuper sa juste place, celle qu'on aura su lui accorder avec

L'autre est partout. Mon idée n'est pas du tout de le mettre hors jeu, bien au contraire. C'est de lui permettre d'entrer dans notre monde comme un invité choyé, mais un invité néanmoins.

confiance : sans le mettre à distance par crainte, mais sans nous sentir contraints de lui ouvrir trop grand la porte, pour le regarder ensuite, impuissant, briser notre monde intérieur.

Je considère que poser les fondements solides de l'amour de soi est la condition essentielle pour éviter les deux écueils d'être seul au monde ou d'être envahi par ce monde. Si elles nous paraissent opposées, ces deux formes d'échecs dans nos rapports aux autres sont en réalité les deux faces d'un même problème : le désamour de soi.

Francois-Xavier, 46 ans

« *J'ai mes petits Everest.* »

« J'ai pris conscience de ma valeur le jour ou j'ai livré mon premier client en 1998, après avoir créé ma boîte. Je venais de terminer mon BTS et ce projet d'entreprise était un véritable défi. Au moment de la livraison de cette première commande, j'ai eu la sensation de grandir d'un seul coup et de devenir adulte. J'ai à ce moment-là ressenti de l'amour et de la considération pour moi. Je me reconnecte à ce souvenir lorsque je veux me délester d'un doute.

Aussi longtemps que je m'en souvienne, je ne me suis jamais détesté. Je ne me trouve pas spécialement intelligent ni franchement beau, mais j'ai mes petits Everest, mes vraies réussites et ces “sorties du quotidien” me poussent à me considérer comme un homme aimable par moi-même d’abord et par les autres ensuite.»

Chapitre 10

NAÎTRE À SOI

« L'œil est miroir du monde. »

Gaston Bachelard

Au début du XXe siècle, le taux de mortalité chez les nourrissons placés en orphelinat était très élevé, comme en témoignent les documents d'archives du Foundling Museum de Londres.

Les bébés ne mourraient pas seulement du manque de soins médicaux ou de dénutrition : ils ne survivaient pas au manque d'amour. Comme ils n'étaient pas touchés, câlinés et pris dans les bras, ils finissaient par se laisser mourir par manque d'interactions physiques et visuelles. Les rares survivants subissaient de graves retards de croissance et développaient des troubles cognitifs et psychologiques.

Aujourd'hui, les progrès de la médecine et des neurosciences permettent de prendre la pleine mesure de l'importance du manque d'amour, de lien, d'attention et de bienveillance dans la petite enfance, sur nos histoires de vie futures.

Dans les années 1990, l'équipe du neuroscientifique Giacomo Rizzolatti a mis en lumière le principe des neurones miroirs. Alors qu'ils travaillaient à mieux saisir le système moteur d'un singe, ces neuroscientifiques ont observé qu'en effectuant un mouvement face à lui, son cerveau réagissait tandis qu'il restait immobile.

Cela veut dire que le singe reproduisait le mouvement dans sa tête sans pour autant l'imiter par la gestuelle. Pourtant, les zones du cerveau qui étaient activées étaient les mêmes que celles du mouvement.

Ces résultats nous prouvent que le mimétisme, que nous savons être essentiel à l'apprentissage, commence dès l'observation, et ce même chez nos cousins les primates. L'humain apprend dès qu'il regarde les autres faire, et il est aussi largement dépendant des modèles qu'il a observés.

À partir du moment où un nouveau-né n'est pas regardé, il n'a aucune chance de pouvoir comprendre qui il est. L'enfant ne fait qu'observer les interactions autour de lui, et les expressions que l'on partage avec lui.

Si nous passons notre temps à lui sourire, il finira très vite par reproduire ce sourire et à l'intégrer comme une expression habituelle. Tout ce qui se déroule autour de lui s'imprimera plus ou moins profondément, lui laissera plus ou moins de traces.

L'autre nous façonne et nous construit, organiquement et psychologiquement, puisque dès la naissance, nous nous imprégnons de sa présence, de ses comportements, mais aussi de ses joies et de ses blessures.

Au contraire, s'il n'observe que des comportements de violence et de dépendance, il en gardera de lourdes séquelles. La pédiatre Nadine Burke Harris évoque le traumatisme majeur que représentent la maltraitance (physique ou émotionnelle) et la négligence, qui engendrent inévitablement des retards dans le développement intellectuel, immunitaire et hormonal de l'enfant. D'où un risque multiplié par dix pour ces individus de développer un jour une maladie grave.

C'est un fait : l'autre nous façonne et nous construit, organiquement et psychologiquement, puisque dès la naissance, nous nous imprégnons de sa présence, de ses comportements, mais aussi de ses joies et de ses blessures.

Voilà ce qui explique que tant d'enfants se mettent à développer une agressivité, ou des troubles de l'hyperactivité, puisqu'ils observent chez leurs parents, et souvent dans la dynamique même de leur couple, des comportements de stress intense et de violence.

Au contraire, un enfant qui grandit avec des parents attentifs et aimants, malgré leurs imperfections et leurs maladresses, bâtit une structure physique et intellectuelle solide, capable de l'aider à affronter de nombreuses situations devant lesquelles la vie le présente.

Mathilde, 35 ans

« Une maman qui s'aime transmet à son enfant l'envie de s'aimer. »

« J'ai la chance d'avoir été aimée par ma famille, mais en grandissant, je me suis parfois rejetée. Un déclic s'est produit lorsque j'ai mis au monde ma petite fille. J'ai alors compris que ça n'est pas parce qu'on aime son enfant qu'il s'aimera lui-même. C'est parce qu'une maman s'aime elle-même, qu'elle transmet à son enfant l'envie de s'aimer.

Aujourd'hui, j'ai tout épousé de moi : les parties fantastiques comme celles plus pathétiques. Ce qui compte pour moi, c'est de continuer à progresser et à apprendre. Depuis que j'ai rencontré sur mon parcours cette idée de mariage à soi, j'ai envie de saupoudrer plus de romantisme dans mon quotidien, en transformant des moments simples en véritables rendez-vous galants avec moi-même. Ainsi, un repas ou une douche peuvent prendre une dimension très amoureuse. Je n'étais tellement pas habituée à ça qu'au début – afin d'en faire une habitude – j'ai dû l'inscrire dans mon calendrier. Je consacre quelques heures par semaine à m'occuper de moi. »

Chapitre 11

L'EMPATHIE, CONDITION D'EXISTENCE

« Le sentiment de ne pas être aimé est la plus grande des pauvretés. »

Mère Teresa

Nul ne survit sans amour. Tel est notre postulat de départ. Et si nous survivons au manque d'amour, nous développons très tôt des stratégies de fuite ou d'évitement. Nous devenons incapables de regarder l'amour droit dans les yeux, nous ne parvenons pas à trouver la sérénité suffisante pour accepter cet amour. L'amour, si nous ne l'avons pas connu dès le départ, est étrange, indéchiffrable, sinon dangereux.

Être aimé est donc notre besoin essentiel, dès que nous venons au monde. Nous avons déjà commencé à ressentir le monde extérieur dans le ventre de notre mère. Malgré notre protection, nous sommes déjà à l'écoute. Notre père, en nous parlant, nous a déjà accoutumés à sa voix. Si notre mère aime une musique ou un aliment en particulier, il commence déjà à faire partie de notre histoire. Chaque émotion, colère ou peur que notre mère aura à traverser viendra s'inscrire en nous à jamais.

Stanislav Grof, psychiatre tchèque, pionnier dans la recherche des états modifiés de conscience, évoque la mise au monde en quatre temps : la phase intra-utérine que nous évoquions plus haut, les contractions, l'expulsion et la délivrance.

Durant ces quatre phases, nous vivons l'un des plus grands traumatismes de notre existence, nous obligeant à faire face, dès le départ, à notre peur de la mort. Si vous êtes né par césarienne, si le cordon est resté coincé autour de votre cou, si la sage-femme a manqué de délicatesse en vous prenant dans ses mains… toutes ces expériences de l'accouchement, aussi nombreuses soient-elles, nous ont marqués, abîmés, même déformés. Elles influenceront notre rapport au monde, notre courage face aux obstacles, et nos prises de risque à venir.

Durant nos six premiers mois, nous continuons d'imaginer que nous sommes une partie de notre mère, et non un individu, un être en soi.

Cependant, notre mère a besoin de reprendre possession de son corps. Commencent alors ces moments de séparation, qui sont autant de sources d'angoisse, de sauts dans l'inconnu pour l'enfant. Telle est, très probablement, la raison de crises de larmes répétées et sans raison apparente du nouveau-né, qui a perdu son enveloppe originelle. Lorsqu'il a froid, également, cela lui rappelle l'absence de sa mère. À lui de s'accoutumer tant bien que mal à l'hostilité du monde.

À ses 24 mois, et si son développement s'est fait correctement, l'enfant traverse ce que Lacan nommait le « stade du miroir ». L'enfant reconnaît alors son propre reflet dans une glace et commence à développer une conscience de lui-même. C'est à ce moment de notre existence que nous prenons enfin la mesure de notre entièreté, de nos contours propres.

Cependant, c'est dans le regard de nos parents, ces seuls autres, qui incarnent alors le monde entier à nos yeux, que nous posons les premières pierres de notre personnalité. C'est dans le regard de l'autre que nous accédons à nous-mêmes.

Notre mère, en nous offrant son amour, nous rend dignes d'être aimés. Elle est la source de notre sensibilité, de la douceur, de l'harmonie. Par le lien unique que nous entretenons avec elle, elle nous ouvre le monde des émotions, et la porte de notre intériorité propre. Notre père, qui est à nos yeux la solidité même, nous donne l'exemple de la confiance dont nous devrons faire preuve pour affronter le monde extérieur. C'est par lui que nous reconnaissons notre valeur, que nous nous légitimons.

Et pourtant, nous sommes nombreux à ressentir en grandissant le syndrome de l'imposteur. « Suis-je à ma place ? Suis-je légitime ? » « Ai-je raison de faire ce que je fais ? » « Ne va-t-on pas découvrir que je ne suis pas tout ce qu'on projette sur moi ? »

Si les parents ne remplissent pas leurs rôles initiaux, nous nous imaginerons bien vite que si nous ne sommes pas reconnus tels que nous le voudrions, c'est de notre faute, que nous n'avons pas une valeur suffisante, que nous ne sommes pas dignes d'être aimés.

C'est ainsi que nous sauvons l'image parfaite que nous nous faisons de nos parents, si nécessaire pour continuer notre évolution. Et nous rejetons la faute sur nous : si maman n'est pas affectueuse, c'est parce que je ne le mérite pas; si papa est absent, c'est parce que je suis indigne de son amour. Nous gravons ainsi de profondes blessures en nous, qui nous empêcheront plus tard de nous sentir légitimes à bien des moments de notre vie, notamment dans nos relations de travail ou amoureuses.

L'enfant se construit par les interactions quotidiennes : le toucher d'abord, qui lui permettra de prendre conscience de son corps; et puis par le jeu des questions et des réponses lorsqu'on a accédé au langage, les éternels « pourquoi », qui sont autant d'occurrences de notre besoin d'explorer, de comprendre, de connaître.

Ainsi, notre monde se construit brique après brique autour de nous, petite touche par petite touche, à la manière d'un tableau impressionniste. Nous apprenons bien sûr à nommer le monde, à le comprendre, mais aussi à mettre des mots sur nos émotions, et à explorer notre intériorité.

Notre monde se construit brique après brique autour de nous, petite touche par petite touche, à la manière d'un tableau impressionniste.

Éduquer un enfant, cela ne passe pas seulement par le fait de le rassurer, et moins encore par le fait d'exaucer ses caprices ou de lui donner raison par principe. Mais il est primordial de lui donner confiance.

Lorsqu'il entend dire par ses parents qu'il n'a pas faim lorsqu'il a faim, ou qu'il ne devrait pas avoir peur lorsqu'il a peur, c'est le confronter à des visions du monde dissonantes, qui fragiliseront sa capacité à se fier à son jugement. Il est important d'enseigner à nos enfants une capacité à respecter leur ressenti. C'est une étape nécessaire pour qu'il sache se faire confiance, une fois adulte.

Geoffrey, 37 ans

« S'épouser soi, c'est épouser le monde. »

« Je pense que notre relation à nous-mêmes est le reflet de notre relation au monde. S'épouser pleinement soi, c'est épouser pleinement le monde, dans son immensité, ses ombres et sa lumière. Je crois que l'enthousiasme, la compassion, la curiosité, la générosité, le respect et le courage sont les voies qui peuvent nous rapprocher de cette étreinte. Ma recette pour entretenir une dynamique harmonieuse avec moi-même est de me retrouver régulièrement dans la nature pour y puiser l'inspiration et faire une des choses que j'aime le plus au monde, composer de la musique. Certaines journées sont évidemment plus ombragées que d'autres car le mental ressasse, j'essaie alors de me reconnecter à mes émotions et à mes sensations physiques. Je me questionne sur ce qui est vraiment important, et ce qui donne du sens à ma vie. Cela m'apporte du calme et de l'apaisement. »

Chapitre 12

APPRENDRE À S'ATTACHER EN TOUTE SÉCURITÉ

« On n'a d'attachement à la vie d'autrui qu'en proportion de l'attachement qu'on a à la sienne. »

Ferdinando Galiani

Apprendre à nous aimer revient donc à faire retour sur soi. Bien sûr, nous n'avons pas de souvenir de notre petite enfance, et ceux de notre enfance restent fragmentaires.

Difficile donc d'évaluer à quel point ils ont été déterminants dans la construction de notre personnalité, ou de comprendre à quel point les blessures qu'ils ont laissées ont été profondes. En un mot, nous ne nous découvrons qu'à partir du moment où nous prenons conscience qu'un changement est nécessaire dans notre vie, que nous désirons donner un sens à notre existence.

Dès lors que nous décidons de changer notre vie, nous avançons à tâtons dans cette obscurité qu'est notre propre passé, nous creusons le mille-feuille de notre sensibilité en sachant pertinemment que certaines découvertes sont douloureuses. Voilà pourquoi, avant de décider que nous devons nous aimer, nous devons comprendre comment nous nous sommes construits.

Avant de décider que nous devons nous aimer, nous devons comprendre comment nous nous sommes construits.

Même si nous n'avons pas encore décidé de travailler dessus, nous avons une capacité à nous aimer, à nous accepter. Elle s'est développée dès les premières années de la vie, dans notre relation avec notre mère, par laquelle nous avons forgé notre identité et notre confiance en nous. Cette confiance nous permet de trouver les ressources contre le sentiment d'angoisse et la crainte de l'abandon. C'est à partir de ce lien maternel que nous trouvons assez de stabilité pour nous engager dans une relation, pour faire confiance à l'autre et recevoir son amour.

Cette confiance devient, à l'âge adulte, une véritable sérénité, qui nous permettra de nous accepter tels que nous sommes, avec nos qualités et nos défauts. Ainsi, nous pourrons nous passer de l'approbation systématique des autres.

Je rencontre beaucoup de personnes qui m'évoquent leurs difficultés à avoir confiance en l'autre, et particulièrement en l'être aimé. Ils accusent le plus souvent les maladresses d'autrui d'en être la cause, quand ce ne sont pas des situations d'insécurité récurrentes. Mais ce manque de confiance dépend de nos attachements premiers ; ils ne peuvent se régler qu'en remettant en lumière ces dysfonctionnements dont nous souffrons toujours.

Si les bras d'une mère n'ont pas été un espace suffisamment sécurisant, si les paroles de nos parents nous ont parfois heurtés et ont endommagé notre capacité à faire confiance, nous sommes tout à fait capables, une fois adultes, de combler ces failles émotionnelles.

Parce que si nous ne travaillons pas dessus, nous ne comprenons pas pourquoi l'autre nous aime – nous ne sommes déjà pas capables de nous aimer nous-mêmes. Il peut arriver que nous en venions à refuser l'attachement des autres, à adopter des réflexes de fuite.

J'ai longtemps préféré quitter les hommes avant qu'ils ne me quittent. Je n'étais pas capable de prendre le risque d'être abandonnée, je préférais alors fuir le danger, plutôt que de rouvrir ma blessure intime.

Voilà pourquoi il est important, sinon primordial, de faire retour sur le lien que nous avons développé, dès le plus jeune âge, avec nos parents. Il s'agit de la fondation même de notre personnalité, sur laquelle nous bâtissons notre confiance en nous, et sans laquelle il est impossible de reconnaître notre valeur.

Estelle, 32 ans

« Je dois rester très proche de mon âme. »

« J'ai beaucoup souffert en amour et notamment auprès d'un homme absent qui me trompait et réveillait mon sentiment d'abandon. J'ai commencé à m'aimer en devenant une mère pour moi, qui rassurait et prenait soin de mon enfant intérieur. Je me parlais beaucoup, je parlais à mon ange, je priais.

Depuis, la prière a beaucoup contribué à mon équilibre, de même que le chant. Lorsque je chante, je me sens utile et au service du beau. J'ai la sensation que je dois rester très proche de mon âme sinon je me sens triste et usée.

J'épouse pleinement mon grand être divin et mystérieux comme une clé pour atteindre l'absolu, le reste du monde. Je suis la meilleure échelle pour connaître, atteindre, aimer, grandir. »

Chapitre 13

L'ENFANCE, L'ADOLESCENCE ET L'ENTOURAGE

« Je voudrais que toute espèce de prochains et les voisins de ces prochains vous deviennent insupportables. Il vous faudrait alors vous créer par vous-mêmes un ami au cœur débordant. »

Friedrich Nietzsche, *Ainsi parlait Zarathoustra*

Il est évident que notre enfance et notre adolescence ont été les moments fondamentaux de notre construction émotionnelle. J'ai parlé un peu plus haut de mon expérience personnelle ; elle n'en est qu'une parmi d'autres.

Lorsque nous sommes enfants, nous nous construisons aussi par le regard de nos camarades d'école, avec ce mélange ambigu de besoin de conformité et de rêves de distinction.

Nous ne voulons pas nous faire remarquer, mais un peu quand même. On aurait tort de sous-estimer ces années de jeunesse dans la formation du caractère. Des enfants ayant été critiqués ou violentés pendant le cursus scolaire peuvent garder les stigmates de ces blessures étant adultes et ne pas réussir à développer une confiance suffisante en eux.

Les enfants s'attaquent sur le physique – reproduisant ainsi le jugement de leurs parents – et ils se réunissent à l'école pour se moquer. J'ai le souvenir d'une amie au collège, sans cesse moquée et harcelée à cause de sa couleur de cheveux. Elle avait une magnifique crinière d'un roux flamboyant que je trouvais merveilleuse, mais qui n'avait pas l'air de plaire à d'autres puisque cela sortait de la norme.

Au moment de l'adolescence, le regard de l'autre devient obsessionnel. La plupart des jeunes ne veulent absolument pas être différents. On veut faire comme tout le monde, porter des signes extérieurs de notre appartenance à la communauté – comme des vêtements de marques – et être apprécié par tous les moyens possibles, et pas forcément les meilleurs.

À notre époque, les réseaux sociaux amplifient ce phénomène. Tout le monde souhaite « donner une image de soi », et pour les adolescents, c'est un besoin impérieux. De plus en plus d'histoires de harcèlement et de suicides éclatent, dénonçant les dérives des outils modernes de « démonstration de soi ». C'est le cas de la série *13 Reasons Why*, créée par Brian Yorkey, où une adolescente harcelée enregistre treize cassettes, chacune à l'attention d'une des personnes qui a contribué à son suicide.

Cette série nous montre bien que les réseaux sociaux contribuent au harcèlement qui a depuis toujours été la norme à l'école. Ce qui est nouveau, c'est qu'ils poussent plus facilement aujourd'hui les enfants harcelés au suicide, puisqu'ils n'ont plus de porte de sortie.

Auparavant, les harceleurs restaient confinés au cours d'école, mais aujourd'hui les réseaux sociaux amplifient le phénomène de moquerie et de persécution, avec des preuves (photos, vidéos) qui ne s'effacent pas.

De même, pour les adultes, Facebook, Twitter, Instragram (et les autres réseaux) sont de formidables outils de communication et de marketing, qui peuvent nous permettre de nous créer une communauté d'amis (réels ou virtuels) et de partager avec eux des moments de vie. La dérive survient lorsque ces outils servent notre envie d'être aimés et notre besoin naturel de reconnaissance. À ce moment-là, notre estime de nous-mêmes devient conditionnée au nombre de « likes » que nous recevons, et cela d'autant plus que nous aspirons à avoir une reconnaissance publique, via un blog, une activité journalistique ou artistique.

Or, un besoin insatiable de reconnaissance est le contraire de l'amour de soi. Si nous nous aimons pour ce que nous sommes, nous nous aimons sans avoir besoin impérativement d'être légitimés par le regard des autres, d'autant moins que l'attention que l'on gagne sur les réseaux sociaux est, même les enfants le savent d'ailleurs, tout à fait superficielle.

J'ai pu assister sur la Toile à de nombreuses révélations de blogueuses, qui finissaient par partager leur désarroi le plus profond. Elles avaient fini par développer une addiction à l'attention des autres, multipliant les photos de moins en moins naturelles, ce qui leur pesait de plus en plus. L'une d'elles déclarait passer ses journées à pleurer ; incapable de sortir de sa dépression, elle continuait néanmoins à se forcer à sourire, ne serait-ce que quelques instants devant l'objectif, avec un maquillage toujours plus épais pour cacher ses cernes et sa tristesse.

Voilà l'abîme dans lequel peut nous faire tomber le besoin maladif de reconnaissance auquel conduit la fréquentation soutenue des réseaux sociaux. Mais nous avons tous un besoin de reconnaissance – ces outils ne font que l'amplifier.

L'existence des neurones miroirs dont nous avons parlé plus tôt, souligne la complexité de nos rapports au virtuel. Nous nous satisfaisons plus du lointain que du prochain, pour reprendre les termes de Nietzsche. Nous passons plus de temps accrochés à notre smartphone qu'en couple. Les échanges virtuels prennent le pas sur les échanges réels. Nous préférons le faux au vrai, parce que le faux nous est présenté avec plus de brillant.

Les échanges virtuels prennent le pas sur les échanges réels. Nous préférons le faux au vrai, parce que le faux nous est présenté avec plus de brillant.

Et pourtant, c'est par le contact naturel, visuel ou physique, que l'autre existe et nous enrichit. C'est par ce contact que nous nous comprenons, que nous existons, tandis que la soif de reconnaissance virtuelle est insatiable – c'est une satisfaction que nous recherchons à tout prix, mais qui dure peu. En fait, nous consommons les rapports humains virtualisés avec la même vanité que nous consommons les choses. Et nous les désirons avec d'autant plus de ferveur qu'ils sont bien incapables de nous combler. Enfin, nous acceptons l'insatisfaction chronique sans accepter que nous en souffrons.

La réelle rencontre avec l'autre – avec la surprise, la reconnaissance mutuelle que cela implique – ne pourra jamais être remplacée par nos échanges électroniques, quand bien même la technologie démultiplie, du moins en théorie, nos capacités à rencontrer autrui et à rester en contact avec lui.

Thomas, 40 ans

« J'embrasse pleinement tout ce que je suis. »

« Du plus loin que je m'en souvienne, j'ai toujours été au contact de cette étincelle qui me connecte à qui je suis, qui m'aide à l'exprimer et à le faire respecter. Aujourd'hui, j'embrasse pleinement tout ce que je suis, même dans des moments où je me sens improductif et pénible. La lumière exprime toute sa puissance quand l'ombre donne le relief. L'accueil inconditionnel, c'est faire avec ce qui est. »

Chapitre 14

LE REGARD DE L'ÊTRE AIMÉ EST UNE FENÊTRE SUR SOI

« L'amour ne donne aucun droit sur l'autre,
seulement le devoir de le respecter. »

Jacques Salomé

Comme l'exposait Emmanuel Levinas, le visage de l'autre, par l'infinie variété de ses expressions, est notre miroir. Il nous détaille, nous projette, nous raconte ; il exprime notre liberté.

À chaque instant, le regard de l'autre nous permet de nous sentir exister. Face à nous-mêmes, nous avons rapidement le sentiment de nous perdre, nous sommes face à notre propre désert. « Un seul être vous manque et tout est dépeuplé », pour reprendre le célèbre vers de Lamartine.

L'autre peuple notre monde intérieur – parfois jusqu'à nous encombrer, et nous envahir. Comme nous avons besoin de l'autre pour être, nous sommes prêts à croire que nous ne pouvons pas exister sans cette personne particulière. Jusqu'à laisser des situations nous échapper, et accepter avec résignation le sacrifice de notre personnalité.

Puisque nous avons besoin de la liberté de l'autre, des infinies expressions de son visage, il est bien nécessaire qu'il nous laisse également être libre. C'est une erreur que de nous résigner à vivre par procuration la liberté de l'autre comme si elle était la nôtre, que nous nous conformions à sa seule liberté.

Nous avons d'abord dépendu de la reconnaissance de nos parents, puis nous avons reporté ce besoin de reconnaissance, parfois maladif, obsessionnel, sur nos pairs, à l'école. Là, nous avons rencontré la dure loi du monde. Les enfants sont directs en matière de rapports humains : ils n'ont pas nos retenues d'adultes, nos pudeurs et notre tact. Ils sont impitoyables et sans détour. Dans l'enfance, les sentiments et les amitiés sont franches, aussi blessantes que le sont les moqueries et le sentiment d'exclusion.

Finalement, après toutes ces années, beaucoup d'entre nous demandent encore la permission d'exister.

Et en attendant, nous regardons passer notre vie, comme des spectateurs. Lorsque vient le temps de l'engagement, l'autre devient d'autant plus facilement un prétexte pour nous oublier, nous fondre en l'autre pour ne pas avoir à être par nous-mêmes. Nous devenons dépendants de l'autre, de sa capacité à nous rassurer par sa seule présence : nous avons trop peur d'être seuls.

Beaucoup d'entre nous tombent dans ce piège. L'autre leur permet de ne jamais se rencontrer. Il est leur bouclier, leur masque, leur béquille, mais aussi leur échappatoire. « Je pourrais faire tant de choses s'il (ou elle) était d'accord. » En fait, pour tant de choses que nous n'aurions pas le courage de faire seuls, l'autre est l'excuse parfaite. « Je ne suis pas tout seul à décider » est un prétexte que nous pouvons invoquer devant nos amis ou nos connaissances, mais en fait, nous le brandissons aussi devant nos yeux, lorsque nous n'avons pas le courage d'affronter nos désirs. L'autre nous maintient dans le rang, il est notre caution sociale et la garantie de ne pas prendre trop de risques, devenant ainsi la raison pour laquelle nous ne nous accomplissons pas.

Mais si nous ne sommes pas accomplis, si nous demeurons en permanence dans la crainte du regard de l'autre, est-ce qu'on le rencontre jamais ?

En couple, nous cherchons un écho de nous-mêmes, un miroir, comme Narcisse lorsqu'il se découvre pour la première fois. Nous nous laissons immobiliser face aux eaux, sans saisir ce que notre vie désire nous enseigner.

Si nous ne sommes pas accomplis, si nous demeurons en permanence dans la crainte du regard de l'autre, est-ce qu'on le rencontre jamais ?

Si tu ne te connais pas toi-même, comment pourrais-tu prétendre connaître l'autre ? Si nous acceptons que la vie est une exploration de soi, alors l'autre nous apparaît dans tout ce qu'il a à offrir de meilleur. Il devient une invitation à nous rencontrer, à nous découvrir et à nous aimer.

Il en est de même pour tous ceux qui nous entourent. Nous ne pouvons réellement vivre en harmonie avec les autres qu'en comprenant leur humanité, ce qui les rend semblables à nous, cette âme qui les rend mobiles et vivants. Et le but de cette âme est d'aimer.

Claire, 33 ans

« Pour s'aimer, il faut s'explorer. »

«Il y a un an environ, apprendre à m'aimer est devenue LA priorité. J'ai consacré cette année à explorer ce que "s'aimer soi-même" voulait dire. Dans mon cas, ça impliquait d'aller regarder mon sentiment de culpabilité permanent, mon sentiment de ne pas être à la hauteur. En ce moment, je travaille beaucoup sur l'acceptation de mon corps afin de le considérer comme mon premier partenaire de vie. Pour s'aimer pleinement, je pense qu'il faut explorer nos zones d'ombre et apprendre à les aimer. Nous ne sommes pas encouragés en ce sens. Je prends conscience que plus j'accueille mon obscurité et plus j'augmente ma capacité à avoir de la compassion pour les zones d'ombre des autres, ce qui est indispensable à mon sens quand on accompagne des personnes sur leur propre chemin. Mais pour s'aimer, je pense qu'il faut aussi explorer et adorer tout ce qui fait de nous un être unique, tous nos super-pouvoirs. Dans une société qui prône la modestie et qui nous demande d'être toujours "moyens" et "dans la norme", cela demande du lâcher-prise. Il faut abandonner le besoin d'être validé par les autres pour se choisir en permanence, avec fierté et justesse. Alors oui, aujourd'hui, je peux dire que j'aime tout ce que je suis.»

Chapitre 15

RENCONTREZ VOTRE CHAOS

« Désirer échapper à la solitude est une lâcheté. »

Simone Weil

Évoquer la rencontre avec soi n'est pas un sujet facile à aborder ; il est toujours confronté à des résistances.

Déjà, nous aimerions-nous si nous nous rencontrions ? Nous voyons que c'est un sujet sensible. Nous avons bien souvent du mal à nous supporter, alors nous regarder, comme si nous n'étions pas nous, crée immédiatement un sentiment de crainte.

Et puis, si nous devions rencontrer la personne qu'il y a au fond de nous, cette personne que nous sommes vraiment, cela est également effrayant. Nous avons tous des parties de nous que nous détestons. Des manques, des désirs que nous craignons de nous avouer. Nous confondons facilement le fond de notre cœur avec ses débordements les plus suspects. Alors, il vaut mieux que tout cela reste enfoui. Le jour où ça ira mieux, nous trierons le bon grain de l'ivraie, non ? Et puis nous trouvons toujours mieux à faire, même lorsque nous n'avons rien à faire, et il faut bien une dure remise en question pour que nous commencions à nous interroger sur nos véritables aspirations, sur ce qui est vraiment positif en nous – et qui nous caractérise en fait véritablement.

Oui, nous rencontrer, cela veut aussi dire affronter nos défauts. Nous préférons rencontrer les autres pour leurs bons côtés, et qu'à leur tour, ils mettent en valeur nos bons côtés. Nous aimons les gens qui nous ressemblent et dans lesquels nous nous retrouvons. Nous aimons nous retrouver dans une histoire, une chanson, un livre, un film. Nous préférons être les personnages d'une histoire que de nous rencontrer en vrai.

Nous aimons être racontés. Cela nous conforte dans l'idée d'être à notre place et d'avancer en accord avec notre monde. Nous n'avons plus besoin de nous affirmer à tout prix, d'exister en ayant raison : quelqu'un nous fait exister à notre place. Parce que nous craignons ce qui nous remet en question, ce qui s'oppose à nous, à nos croyances et nos idées.

Prenons le cas d'une personne qui décide de devenir végétarienne. C'est un cas de plus en plus fréquent à une époque où notre dette écologique s'accroît chaque année : nous usons plus notre planète que nous ne la laissons se renouveler. L'élevage industriel est devenu en quelque sorte le symbole de la surconsommation qui ravage notre écosystème. Par conséquent, de plus en plus de gens estiment qu'il est de leur devoir d'arrêter de manger de la viande, parce qu'ils refusent de participer à la surconsommation, à l'immense gaspillage qu'engendre le mode de vie industriel, et aussi, souvent, par compassion envers les animaux dont l'élevage et l'abattage relèvent de la torture.

Pour l'entourage des végétariens, cette décision peut être mal acceptée. Plutôt que l'engagement militant, ils ont l'impression d'une gêne – il faudra varier le menu –, mais aussi d'une rupture de la convivialité ordinaire. Si la viande est bonne pour eux, elle l'est pour tout le monde. Cela peut entraîner des conflits violents, car rien de mieux pour engendrer de la colère que de mettre les autres face à leurs contradictions. Nul ne peut nier aujourd'hui qu'un régime trop carné est aussi mauvais pour la santé que pour la planète. Mais beaucoup préféreront le confort que leur donne le déni.

Il va sans dire que les contradictions qui nous sont inhérentes sont encore bien plus difficiles à affronter que la question du végétarisme. Nous nous arrangeons tous avec la vérité quand il s'agit de questions sociales et politiques. Mais quand il s'agit de soi, quel bénéfice tirons-nous de continuer à nous mentir ?

Entamer la démarche de nous rencontrer et de nous connaître revient à faire face à nos contradictions les plus désagréables, à nos dénis, à nos petits mensonges, à nos stratégies de survie et d'adaptation. Évidemment, c'est une expérience douloureuse, mais la grâce émane souvent de ce qui est sombre et torturé. Lorsque nous parcourons les méandres de notre intériorité, nous embarquons pour un voyage passionnant en quête de notre lumière.

Rappelez-vous l'engouement que vous aviez, enfant, pour les chasses au trésor. Remettez-vous au contact de cet enfant intérieur qui aimait tant fouiller, débusquer les richesses cachées. Au fond de chacun de nous réside le plus éclatant des diamants. Nous rencontrer, c'est mener la plus fascinante chasse au trésor de notre existence.

Au fond de chacun de nous réside le plus éclatant des diamants. Nous rencontrer, c'est mener la plus fascinante chasse au trésor de notre existence.

« Mon affection pour l'autre ne peut pas ne pas dépendre de ce que j'ai accepté d'aimer un peu en moi. Car si je ne connais rien du tout de moi et si je ne sais pas qui je suis, je vais être dans un tel état d'incertitude, de non-présence, que je ne vais rien voir dans l'autre, car je vais voir dans l'autre qu'une confirmation de moi. Je ne vais l'utiliser, l'instrumentaliser pour en faire un spectateur et non pas une rencontre[1]. » Ces paroles sont de Fabrice Luchini.

En somme, comme le dit Simone Weil, la véritable rencontre avec l'autre ne peut se produire qu'au moment où nous nous sommes *a minima* élucidés.

Tant que nous nous fuyons, que nous posons un regard morcelé qui ne prend en compte que ce que nous voulons bien voir, nous ne rencontrons que partiellement l'autre. L'amour conditionnel ou aveugle de soi ne peut en aucun cas nous mener à une véritable rencontre de l'autre.

1. Fabrice Luchini, interviewé par Jean-Michel Djian, dans l'émission « À voix nue », de Sandrine Treiner, diffusée du 2 au 6 mars 2015 sur France Culture.

Nathalie, 55 ans

« J'accepte les parties sombres de ma personnalité. »

« À mes 29 ans, lorsque je suis tombée enceinte, j'ai eu le déclic d'entreprendre un chemin pour mieux m'aimer. Avec les années, j'ai appris à accepter et à accueillir les parties plus ou moins colorées, nuancées et sombres de ma personnalité. Elles font partie de moi et m'ont construite. Je souhaite être pleinement tout ce que je suis. J'ai un ingrédient primordial pour conserver de l'harmonie dans mon existence : aimer. Et lorsque je me heurte aux autres, je reviens en moi-même et me connecte à mon ressenti. J'utilise des outils comme la Communication Non Violente pour mieux comprendre ce qui s'exprime à travers mes réactions émotionnelles. »

Chapitre 16

CRÉEZ DE LA DETTE

« Il faut donner sans se souvenir
et recevoir sans oublier. »

Brian Tracy

Nos relations amoureuses sont LE terreau d'évolution le plus riche. On manigance, s'arrange, complote. Notre ego prend les commandes et nous mettons au point des stratégies afin de nous rendre indispensables à l'autre.

Je croise beaucoup de personnes qui, sous couvert d'une extrême générosité, créent de la dette morale dans leurs relations avec les autres. « Je fais ça pour toi », mais je m'attends à recevoir quelque chose en retour.

Si je me rends indispensable à l'autre, et notamment dans la relation de couple, je mets les meilleures chances de mon côté pour le « garder », comme si cet autre était un sujet d'appartenance. Et cette attitude faussement servile devient confortable, car elle fonde et entretient une relation de codépendance.

Vous ne vous sentez pas « aimable », c'est-à-dire digne d'être aimé, mais vous trouvez des moyens pour vous rendre indispensable ? On entend parfois des phrases telles que « avec tout ce que j'ai fait pour toi » qui explicitent bien cette idée de donner de soi aux autres alors que nous n'en sommes pas capables. Imaginez prêter 500 euros à un ami alors que vous en avez, vous-même, extrêmement besoin. Très rapidement, ce prêt va devenir un sujet de discorde puisqu'il vous place dans une situation d'inconfort financier.

C'est exactement la même chose avec notre capacité à donner de nous-mêmes. Si nous nous sentons vides, fatigués, démunis, nous puiserons dans nos réserves d'énergie, d'attention, d'écoute et de bienveillance. Et nous en tirerons même un bénéfice passager car l'autre nous aura exprimé son besoin de nous. À long terme, cet équilibre instable s'écroulera car nous finirons sur le carreau, sans plus une once d'énergie.

La consigne dans les avions en cas de dépressurisation de la cabine est d'abord de mettre son propre masque à oxygène avant de vouloir aider les autres à s'en équiper eux-mêmes.

Nous n'avons pas appris à nous faire passer en priorité. La consigne dans les avions en cas de dépressurisation de la cabine est d'abord de mettre son propre masque à oxygène avant de vouloir aider les autres à s'en équiper eux-mêmes. Cette métaphore, souvent reprise dans le milieu du développement personnel, n'est pas simplement une phrase – qui, pour certains, justifie une démarche égoïste –, c'est une donnée tangible quasi-scientifique. On ne peut donner indéfiniment, sans à un moment vouloir recevoir à notre tour. Il s'agit seulement de remettre les choses dans l'ordre.

Fabien, 37 ans

« J'ai appris à écouter mes besoins. »

« Le vrai Fabien, j'ai commencé à l'aimer très tard. J'ai eu un véritable déclic lors d'un moment d'éveil spontané, je me suis alors tellement connecté à ma présence et à mon âme que j'en ai perdu l'intérêt de continuer à porter le masque d'une "personnalité". J'ai appris à me connaître, à écouter mes besoins, à vivre mes émotions, à connaître mes biais cognitifs et mes programmes inconscients. En me découvrant, j'ai compris que j'étais esclave de nombreuses choses. Je récupère aujourd'hui ma souveraineté intérieure. Et chaque jour, mon amour et mon bien-être s'amplifient. L'amour que j'ai pour moi n'est pas statique, il est dynamique. Chaque matin, j'ai l'opportunité de découvrir de nouvelles facettes qui me composent. »

Chapitre 17

LE MIRACLE DE L'AUTRE

« Rencontrer l'autre, c'est aller vers un autre monde. Sortir de soi, de ses repères, de ses carapaces et de ses armures. Sortir des rôles que nous jouons. »

Alexandre Jollien

Les autres sont notre bénédiction. Je m'entends souvent me répéter : « L'humanité, c'est un travail d'équipe et nous devons avancer ensemble. » Depuis mon premier souffle sur Terre, je pose les yeux sur des êtres merveilleux, aimants, grandioses, des personnes dont le courage dépasse les possibles… Je croise chaque jour ces personnes qui me fascinent et dont je suis avide d'apprendre et d'en savoir plus. J'ai choisi ma voie pour découvrir l'autre, tenter de le saisir et prétendre le comprendre.

Malgré cet optimisme quasiment inné, je me suis heurtée à pas mal de blessures de ces autres. Certaines, données volontairement, m'ont marquée profondément, et de très nombreuses autres ont contribué à me construire. Être un humain implique le lourd fardeau d'être imparfait et de faire des erreurs. Sauf que cela devient vite un cercle vicieux. Les erreurs des uns deviennent les blessures des autres, qui commettent à leur tour d'autres erreurs…

La souffrance est contagieuse et la violence difficile à effacer, surtout lorsqu'elle frappe des cœurs déjà blessés. Je n'ai jamais pensé que le mal était inscrit dans nos gènes. En dehors de toute croyance spirituelle, un enfant naît vierge de toute empreinte de haine. C'est sa confrontation auprès d'autres qui lui laissera des plaies que l'existence finira par raviver.

Malgré la mauvaise publicité que s'offre l'humanité certains jours, je continue de croire au meilleur chez chacun d'entre nous. Je crois au changement, à la résilience. Nous sommes tous capables de changer, en transformant simplement notre regard sur le monde.

Imaginez réussir à comprendre que derrière chaque jugement se cache une peur, que derrière chaque violence s'exprime une blessure. Cela ne nous donne pas le droit d'excuser tout le mal pour autant, mais, au moins, cela nous évite de le prendre comme une attaque personnelle.

Nous n'avons vocation ni à sauver chaque personne qui nous blesse ni à devenir leurs martyrs.

Des maladresses de la part des autres, de nos parents aux inconnus croisés chaque jour dans la rue, nous en avons notre lot. Tous autant que nous sommes, nous avons été confrontés à des situations où l'autre n'a pas été à la hauteur. Cela ne représente en aucun cas une excuse valable pour en faire de même à notre tour. Nous n'avons vocation ni à sauver chaque personne qui nous blesse ni à devenir leurs martyrs.

Donnons-nous déjà comme but de questionner la responsabilité d'autrui et de nous extraire des situations douloureuses où ils nous placent malgré nous.

Les étapes suivantes qui vous attendent dans ce livre sont les plus belles. Ce sont celles qui vous mèneront à devenir un alchimiste de votre existence. Vous apprendrez, par étapes, à transformer votre plomb en or. J'ai une confiance illimitée en vous pour vous façonner cette baguette magique qui créera, attirera et saupoudrera votre monde intérieur de plus de douceur, d'acceptation et d'amour. Vous susciterez dans votre vie et vos rapports aux autres du merveilleux et de la poésie.

À vos consciences, vos stylos magiques et votre envie, c'est maintenant à vous de jouer ! En suivant les étapes, et en mettant en pratique mes conseils, et vos propres conseils qui émergeront de ce travail introspectif, vous transformerez votre vie. Pas dans l'omission de ce qui vous a fait souffrir et perdre pied, mais en regardant les épreuves passées différemment, comme des opportunités qui vous ont mené à plus de conscience, d'ouverture et de discernement.

Sara, 27 ans

« Se choisir est un cadeau pour l'humanité. »

« À la suite d'un accident de la route, j'ai réalisé que je n'avais plus le temps de remettre ma vie au lendemain. La certitude d'avoir un "lendemain" était devenue trop imprévisible pour continuer à sacrifier mon présent. J'ai alors décidé de déployer mes ailes, et de sortir de ma zone de confort parisienne afin de devenir complètement libre. J'ai pris la décision de partir explorer le monde de manière très spontanée, sans planifier le déroulement. Le fait de me laisser guider par la vie et d'improviser complètement chaque jour m'a appris à me fier à mon instinct et à toujours laisser une part d'inconnu afin d'être surprise à chaque instant. Se choisir est pour moi le plus grand cadeau que l'on puisse faire à l'humanité. Je cultive aujourd'hui précieusement ce lien avec l'instant présent et cela fait naître en moi un état contemplatif et amoureux. Après des heures de méditations dans le cadre d'une retraite Vipassana, j'ai réalisé que l'amour pour moi grandit à mesure que ma compassion pour les autres s'amplifie. La danse est également une clé de mon acceptation de moi-même. C'est une manière de me sentir connectée à mon corps. Lorsque je danse, je retrouve mon équilibre, ma reliance à mes émotions et mes sensations, et je me détache du besoin de l'autre. En libérant nos résistances corporelles, nous libérons nos résistances intérieures. »

« BÉNIS SONT CEUX QUI NE CRAIGNENT PAS LA SOLITUDE, QUI N'ONT PAS PEUR DE LEUR PROPRE COMPAGNIE.

SI VOUS N'ÊTES JAMAIS SEUL, VOUS NE POUVEZ PAS VOUS CONNAÎTRE.

ET SI VOUS NE VOUS CONNAISSEZ PAS, VOUS COMMENCEREZ À AVOIR PEUR DU VIDE. »

– Paulo Coelho,
Solitude is not the Absence of Love

Les noces

✲ ✲ ✲

Ou comment s'aimer enfin

Chapitre 18

LA SÉDUCTION

« Pour un flirt avec toi, je ferais n'importe quoi. »

Michel Delpech

La rencontre avec soi est à l'image d'une rencontre amoureuse avec un autre. Il ne faut pas chercher à brûler les étapes. Surtout si l'on part d'un profond désamour et d'une grande difficulté à s'accepter. L'amour nécessite de prendre son temps. Il est précieux de se délecter des premiers instants sans aucune projection. Simplement de saisir l'éphémère des débuts, cette torride passion qui nous envahit.

Vous n'imaginez pas une seconde tomber amoureux et l'instant d'après envisager le mariage, les enfants et l'achat de la maison. Ce serait de la folie pure ! L'amour se construit dans la durée, avec du soin et de l'attention.

Lorsqu'on fait la rencontre d'un être éveillant notre désir et nos envies, on cherche à lui plaire. Les débuts d'une histoire sont souvent fantasmés. On projette sur l'autre ce que l'on aimerait qu'il soit, on s'arrange avec la réalité. Parfois même, nous dissimulons des parts de nous, prenant peur que l'autre ne nous aime pas tels que nous sommes. Ce n'est pas un mécanisme conscient. L'intimité et la transparence s'acquièrent avec le temps. Se dévoiler demande d'avoir confiance en l'autre et en soi-même.

Dans les différentes sphères de notre vie, nous n'osons que rarement nous dévoiler tels que nous sommes.

Nous optons pour un masque social qui nous fera nous sentir protégés. Durant notre enfance, nous avons vécu des projections parentales, et souvent, nous avons répondu au désir des autres sur soi.

Nous nous sommes construits à partir de ce que les autres attendaient de nous, mais jamais à partir de ce que nous étions réellement. C'est ainsi que beaucoup de personnes franchissent des caps de vie, comme la fameuse crise de la quarantaine, en se demandant qui ils sont vraiment et quel est le sens profond de leur vie.

Comme le dit Florence Foresti : « La crise de la quarantaine, c'est comme l'adolescence, mais avec une carte bleue. » Personne n'a envie de retomber dans cette période où nous étions boutonneux, en rébellion perpétuelle, car pris au piège entre deux envies contradictoires : être libres, mais pas responsables.

Si à quarante ans passés, le seul objectif de votre vie vous a été imposé par les conventions sociales, vous rejouerez la même crise. Envie d'être libre sans être responsable. C'est dans ce contexte-là qu'émergent de plus en plus de « coming out spirituels » comme le dit Laurence Baranski[1].

Nous nous réveillons un matin avec le besoin de donner à notre existence une dimension supérieure. Gagner de l'argent, nous marier et avoir des enfants n'a pas su combler notre soif de connexion profonde

---

1. Laurence Baranski, *Le coming out spirituel*, Exergue, 2017.

avec le monde et nous-mêmes. Nous nous tournons alors vers le vaste monde du développement personnel afin d'y puiser des réponses.

Au commencement de notre rencontre avec nous-mêmes, sachons faire tomber les masques et dévoiler notre entière sincérité. Il n'y a rien de plus séduisant qu'une profonde et authentique conversation avec soi-même. N'attendons plus le jour où nous serons parfaits pour nous rencontrer. Ce jour n'arrivera jamais. Prenons la décision de faire tomber les faux-semblants et n'ayons plus peur de faire la connaissance de la belle personne que nous sommes.

Il n'y a rien de plus séduisant qu'une profonde et authentique conversation avec soi-même.

Dans une rencontre amoureuse avec soi, nous devons jouer des mêmes codes que lorsque nous rencontrons l'être cher. Là où nous chercherions à faire les yeux doux à un autre, nous devons chercher à nous plaire. À tout mettre en œuvre pour nous faire tomber amoureux de nous-mêmes. Pour ça, se sentir beau, aimable, et poser un regard séduit sur soi est primordial.

Afin de traduire ces principes en acte, je vous propose de créer des rendez-vous galants avec vous-même. Sur votre agenda, trouvez-vous des plages horaires pour profiter d'être auprès de vous.

C'est décidé, je me drague

LES RENDEZ-VOUS GALANTS

Deux choses sont importantes dans cet exercice. Tout d'abord, il s'agit d'apprendre que la première personne qui doit vous plaire, c'est vous. Aimer passer du temps seul est un ingrédient primordial d'un mariage heureux et, plus largement, d'une vie épanouie.

Savoir se faire du bien, sortir le grand jeu pour soi, ce sont des actes importants, à ne pas prendre à la légère. N'attendez plus qu'un autre fasse partie de votre vie pour vous faire rêver, vous surprendre et vous plaire.

Quelques exemples

Une amie, Ewa, me racontait qu'elle adorait se rendre à la première séance de cinéma le mercredi matin avec un thermos de thé et des pains au chocolat. C'était sa petite habitude de retrouvailles avec elle-même.

Alice, de son côté, aime se promener en forêt presque chaque matin pour se retrouver et se connecter à son être profond.

Juliette aime se rendre chez sa manucure pour prendre soin d'elle, et s'accorder une douce parenthèse.

Nicolas aime, de son côté, prendre le temps de se promener avec son chien, cuisiner un bon repas, et le déguster devant un bon film.

Jules aime se réveiller le matin et sortir de chez lui pour boire son café en terrasse à Paris.

Geoffrey adore sortir du sommeil et se plonger dans une transe créative où il compose et fait les arrangements de ses musiques.

Toutes ces personnes que je côtoie ont leurs routines positives avec des petits moments quotidiens pour se retrouver. Isalou Beaudet-Regen[1] nous suggère de nous réveiller plus tôt afin de profiter d'un moment qualitatif chaque jour. Avant que vos enfants ne se réveillent et que le tumulte de la journée ne commence, vous pouvez vous profiter d'une ou deux heures en votre compagnie.

Vous verrez que naturellement, ces rendez-vous galants avec vous-même deviendront une habitude. On prend vite le pli de se faire du bien et de s'offrir du temps.

S'ORGANISER UN DÎNER AUX CHANDELLES

Prenez le temps de faire quelques courses et de vous cuisiner un petit festin.

Comme un rendez-vous galant, prenez le temps de vous apprêter. Portez des habits qui vous mettent en valeur, et dans lesquels vous vous sentez séduisant.

1. Isalou Beaudet-Regen, *La Magie du matin*, Leduc, 2016.

Préparez une jolie table, mettez-y des bougies. Tous les codes de la séduction sont de mise : parfum envoûtant, lumière tamisée, musique sensuelle.

Ne lésinez pas pour vous faire passer un délicieux moment avec vous-même. Après tout, vous méritez de vous offrir le meilleur.

Et si vous cherchez une musique agréable, mettez *Careless Whisper* de George Michael. Des générations entières ont échangé leur premier baiser sur cette musique.

Chapitre 19

LA DÉCOUVERTE

« Le mariage est, et restera, le voyage de découverte le plus important que l'homme puisse entreprendre. »

Søren Kierkegaard

Quand on débute une histoire d'amour, on a envie de connaître l'autre, d'en découvrir le moindre détail, la moindre facette. C'est exactement le même processus avec soi. Pour s'aimer, il faut avoir envie de se découvrir. L'amour s'intensifie avec la connaissance de soi.

Je ne prône pas un accompagnement thérapeutique trop rigoureux, mais je pense que dans ce processus de découverte de soi, la rencontre avec quelques guides (thérapeute, psy, coach, etc.) est intéressante.

Rester lucide face nos schémas douloureux qui pourraient entraver cet amour est important. Changer de croyance l'est également. Si tout au long de votre enfance, on vous a rabâché que vous n'étiez pas digne d'être aimé, il vous faut de toute urgence vous débarrasser de cette pensée encombrante.

Plus les blessures que l'on porte en nous sont profondes, et plus nos relations amoureuses vont nous mettre en péril. Le couple devient alors un abîme dans lequel il est très facile de se perdre. Souvenez-vous, nous évoquions un peu plus tôt dans l'ouvrage le miroir grossissant que représente le terrain amoureux. Si, dans votre enfance, vous avez connu l'abandon, le rejet, l'injustice, l'humiliation, ou la trahison, vous avez de fortes chances d'attirer dans votre vie des circonstances similaires.

Lise Bourbeau, fondatrice de la plus grande école de développement personnel au Québec, a écrit un ouvrage évoquant ces cinq blessures fondamentales[1]. Ce livre est devenu un best-seller dans les années 1980 et un ouvrage de référence depuis.

Sans un travail sur nos blessures profondes, nous ne pouvons pas accéder à une vie épanouissante. C'est en tout cas la croyance avec laquelle j'évolue depuis une dizaine d'années. J'ai pris conscience que les parties blessées en moi m'empêchaient de me réaliser pleinement. Nos souffrances, particulièrement celles que nous ne voulons pas voir, ne nous tirent pas seulement vers des situations douloureuses, elles finissent également par nous rendre malades physiquement.

La vie est une vibration permanente, et en tant qu'êtres humains, nous devenons des aimants. Elle ne nous punit pas, mais nous donne des opportunités d'évolution à travers nos moments d'inconfort, de mal-être et de difficultés.

Chers lecteurs, tous autant que vous êtes, vous méritez l'amour, inconditionnel, sans limite, jouissif et joyeux. Il est temps d'en prendre conscience et de l'accepter.

Cette phase de la rencontre avec soi est parfois délicate car on se confronte à des parties dissimulées et souffrantes.

Cette phase de la rencontre avec soi est parfois délicate car on se confronte à des parties dissimulées et

1. Lise Bourbeau, *Les 5 Blessures qui empêchent d'être soi-même*, Pocket, 2013.

souffrantes. Vous êtes ce que vous êtes, vous ne pourrez pas le changer. Vous pouvez passer votre vie à le déplorer. Mais vous pouvez également décider de l'accepter et, encore mieux, de vous ouvrir à toutes les ressources que vous possédez, mais sur lesquelles vous ne posez pas encore les yeux.

Nous sommes changeants et nous sommes le changement. Les bouddhistes décrivent très bien cette idée de l'impermanence des choses, du renouvellement perpétuel. Dites-vous qu'en vous ouvrant à vous-même, vous vous ouvrez à un changement de chaque instant. Car rien dans la vie n'est linéaire.

Chaque jour, nos expériences, nos rencontres et nos hasards nous font évoluer. Chaque matin, nous nous réveillons différents de la veille. Comment s'ennuyer de soi dans cette perspective d'inconnu quotidien ?

Évidemment, il y a des phases, des cycles, des bouleversements, même, qui nous font emprunter des chemins intérieurs. J'exagère le trait car je veux que vous compreniez qu'à chaque instant, vous disposez d'une capacité d'évolution infinie, dont les seules limites sont celles que vous vous fixez.

On tombe souvent amoureux d'une personne, lorsqu'elle suscite en nous de l'admiration. C'est la même chose avec soi.

Afin de tomber éperdument amoureux de nous-mêmes, nous devons apprendre à poser un regard d'admiration sur la personne que nous sommes. Il sera donc primordial de nous surprendre pour créer cette dynamique.

C'est une des clés que j'ai apprises dans ma rencontre avec moi-même. J'essaye régulièrement de sortir de mes habitudes quotidiennes pour nourrir mon estime de moi. Cela peut passer par des choses très simples, comme dire bonjour à un inconnu dans la rue ou adresser un compliment à votre boulangère.

On a tous en nous des rêves enfouis, ceux qu'on n'osait imaginer étant enfant, et qu'on a peut-être fini par enterrer en grandissant. Il est temps de vous lancer et de vous rendre compte que tout est possible.

Attisez la flamme en vous.

Pour l'être aimé, nous sommes prêts à déplacer des montagnes. Déplacez des continents pour vous !

C'est décidé, je me surprends

METTEZ-VOUS AU DÉFI !

Cela peut passer par des choses simples de la vie quotidienne : si vous avez toujours rêvé de pratiquer un art, faites-le !

Si vous languissez depuis toujours de voyager dans un pays, allez-y !

Si vous souhaitez vous essayer à une discipline sportive, foncez !

Toutes les fois où vous vous lancerez dans de nouvelles activités qui feront battre votre cœur, vous vous aimerez davantage.

Notez vos défis (passés, présents et futurs).

N'oubliez pas de mentionner ce que vous ont apporté ces fabuleuses expériences afin de créer l'envie de les multiplier.

Chapitre 20

L'ENGAGEMENT

« Chacun de nous peut représenter une différence réelle et substantielle sur cette planète. En vous engageant personnellement dans une quête de la conscience, vous assumerez vraiment un rôle marquant dans la transformation du monde. »

Shakti Gawain

Dans nos sociétés modernes, l'engagement fait peur car il est synonyme de contrainte. Il est associé à une perte de liberté. Alors qu'en fait, c'est tout le contraire. Nous ne pouvons pas être libres si nous avançons avec la peur de nous engager – et si nous avons peur en général.

La liberté, pour moi, est une rupture avec nos peurs, conscientes et inconscientes. L'engagement représente surtout l'intention avec laquelle nous allons nous positionner. S'engager sur le plan affectif témoigne d'une envie d'être pleinement présent à l'autre et aux côtés de l'autre ; et cela ne nous ôte en aucun cas notre liberté.

Lorsque nous nous engageons, nous n'avons pas d'autres choix que d'honorer cet engagement, sans quoi nous basculons vite dans le conflit. Ce dont j'ai pris conscience, c'est que nous entrons rapidement en conflit avec nous-mêmes lorsque nous ne respectons pas nos engagements, notamment nos valeurs. Lorsque nous les bafouons, nous sommes en colère.

Dans la relation à deux, notre partenaire a besoin de sentir que nous sommes engagés dans cette histoire. C'est la même chose avec

Notre âme a besoin de sentir que nous la choisissons. Mieux encore, que nous l'honorons en décidant d'être à ses côtés.

nous : notre âme a besoin de sentir que nous la choisissons. Mieux encore, que nous l'honorons en décidant d'être à ses côtés.

Dans le principe de la réincarnation, l'âme choisit l'expérience qu'elle va vivre. Il n'y a donc aucun hasard possible de ce point de vue. Chaque étape, heureuse ou douloureuse, apporte du sens.

Dans beaucoup de thérapies transpersonnelles – terme rendu célèbre par Abraham Maslow, psychologue américain dans les années 1960 –, on invite les patients à prendre conscience de leurs mémoires d'enfance, de la période fœtale ou même des vies antérieures, afin de les en libérer.

Mais elles invitent surtout à prendre conscience de cette dimension supérieure et à l'accueillir. Certaines traditions spirituelles parlent de contrat d'âme. Et d'ailleurs, dans le cadre du mariage, il arrive que les futurs époux signent un contrat prénuptial. Ils s'accordent sur certaines clauses afin qu'aucune des deux parties ne se sente lésée en cas de faillite amoureuse.

Nous ne serons jamais prêts à signer des engagements capables de tenir sur la durée si nous ne nous faisons pas ces mêmes promesses. Au fur et à mesure de mes expériences, j'ai compris que je me devais une écoute attentive et indulgente. Je ne pouvais pas reprocher

> **Je ne pouvais pas reprocher à l'autre de ne pas me rendre la pareille si je ne montrais pas l'exemple en m'écoutant d'abord.**

à l'autre de ne pas me rendre la pareille si je ne montrais pas l'exemple en m'écoutant d'abord. Dans le cadre de ce mariage intérieur, je devais avant tout compter sur moi.

J'ai donc instauré des moments quotidiens où je prends le temps de m'écouter. Beaucoup de pratiques de méditation, de respiration, de yoga, et de pleine conscience en général vous permettent de vous sensibiliser aux émotions qui vous traversent et parfois aux sentiments qui vous hantent. Utilisez-les, afin d'accroître votre attention envers vous-même.

C'est décidé, je m'accueille

ENTRAÎNEZ-VOUS À VISUALISER

Installez-vous confortablement dans un endroit calme et rassurant. Fermez les yeux et concentrez-vous sur votre respiration. Focalisez-vous sur la sensation de votre poitrine qui se gonfle d'air à chaque inspiration et se vide à chaque expiration. Lorsque vous aurez atteint un état de profond bien-être, imaginez-vous vous faire face.

Vous êtes là, face à vous.

Qu'est-ce qui vous empêche d'être pleinement en lien avec vous-même ?

Quel message avez-vous à vous délivrer ?

Terminez par un mot doux envers vous-même ou une étreinte affectueuse.

Cette visualisation, basée sur un phénomène de dissociation, peut être reproduite chaque jour si vous avez besoin de vous encourager, de vous rassurer ou de vous consoler. Dès que vous en ressentirez le besoin, prenez le temps de vous adresser avec clarté à vous-même et à questionner votre inconscient. Les minutes, les heures, voire les jours qui suivent, vous obtiendrez des réponses à travers certaines coïncidences heureuses ou des prises de conscience inattendues.

Chapitre 21

L'ATTENTION DE SOI

« Le réel est étroit, le possible est immense… »

Alphonse de Lamartine

Dans la vie, il est primordial que nous apprenions à nous positionner. Des situations sont mises sur notre route pour nous tester et nous permettre de nous réajuster. S'il vous arrive de sentir une personne démoralisante dans votre entourage, une attitude qui ne vous convient pas, ou encore d'être confronté à des situations d'irrespect, affirmez-vous et posez vos limites.

Le respect commence par soi, pour ensuite s'exprimer dans nos relations avec les autres.

Une simple décision intérieure possède une grande puissance vibratoire. Le respect commence par soi, pour ensuite s'exprimer dans nos relations avec les autres. Nous rencontrons chaque jour sur notre route les personnes qu'il nous faut pour évoluer, mais ce n'est pas toujours simple de les reconnaître pour ce qu'elles sont.

Bien sûr, je crois dans l'adage « *Un mal pour un bien* ». Mais je crois aussi à l'urgence de vivre heureux et de connaître l'épanouissement. Nous ne pouvons créer les situations propices, si nous ne nous sommes pas affirmés, de prime abord, et si nous n'avons pas décidé de nous engager pour devenir ce que nous voulons.

Gary Chapman, auteur spécialiste du mariage et de la famille, a écrit plusieurs ouvrages passionnants.

Les Langages de l'amour[1] est le plus célèbre d'entre eux. Il évoque cinq moyens par lesquels nous nous sentons aimés par les autres, notamment dans notre couple :

- les paroles sincères et amoureuses : certains d'entre nous se sentent aimés lorsqu'on leur déclame des « je t'aime » et des paroles enflammées ;

- les cadeaux : d'autres apprécient qu'on leur déclare notre amour à travers des présents, qui soulignent leur valeur ;

- un service rendu : certains ont la valeur du service rendu et de la serviabilité. Lorsqu'on prend le temps de les aider, cela les remplit d'amour et de joie ;

- des moments : pour tous les amoureux des souvenirs, qui aiment s'offrir des moments privilégiés. Ceux-ci viennent alors consolider l'amour au sein du couple ;

- le toucher : d'autres encore ont besoin d'être touchés, cajolés, enlacés. Ils ont besoin de cette tendresse quotidienne pour se sentir aimés.

Nous sommes évidemment tous sensibles aux cinq langages, mais nous en privilégions nécessairement certains. Gary Chapman explique notamment que les conflits entre homme et femme peuvent surgir d'une incompréhension du langage de l'autre.

---

1. Gary Chapman, *Les langages de l'amour*, Farel, 1997.

Grâce à cette analyse, nous nous offrons les meilleures chances de faire vivre l'amour dans notre couple, intérieur comme extérieur, et plus largement avec les autres.

C'est décidé, je m'écoute

ET SI ON PARLAIT LE MÊME LANGAGE ?

Observez dans vos interactions avec vos proches, et particulièrement avec l'être aimé, par quel langage vous vous sentez l'aimer.

- Imaginez ne plus entendre de mots d'amour, pourriez-vous y survivre ?
- Une journée sans câlin, ça existe ?
- L'amour ne se dit pas, il se démontre à travers l'aide apporté au sein du foyer.
- Vous vous sentez unique lorsque vous êtes gâté par vos proches ?
- Rien ne vaut un moment particulier où la force du contexte double le sentiment amoureux.

Trouvez laquelle de ces propositions vous parle le plus, et entraînez-vous à utiliser ce langage pour instaurer un dialogue romantique avec vous-même.

Chapitre 22

LES FIANÇAILLES

« Un mariage heureux est une longue conversation qui semble toujours trop brève. »

André Maurois

J'ai toujours perçu une part de magie dans l'existence. Depuis longtemps, j'aime les rituels, les objets sacrés, et les actes symboliques. J'ai collectionné les boîtes en tout genre pour y glisser des mots froissés sur lesquels j'inscrivais mes souhaits. La plupart se sont réalisés, d'autres ont pris une tournure insoupçonnée. J'allume beaucoup de bougies dans lesquelles j'insuffle des intentions lumineuses. Et j'aime remercier : le monde pour ses trésors, les gens que j'aime pour leur présence, et la vie pour sa bonté. Je crois qu'on ne s'épouse pas soi-même sans épouser la vie. C'est la même énergie. « L'amour de soi est à l'amour de Dieu ce que le blé en herbe est au blé mûr. Il n'y a pas de rupture de l'un à l'autre – juste un élargissement sans fin », dit Christian Bobin[1].

Le moment des fiançailles représente le moment d'acceptation de soi. Arrive cet instant où l'on ne souhaite plus lutter contre ce que l'on est, mais où l'on décide de l'accepter, dans tout ce que cela comporte.

Une relation amoureuse intérieure est à l'image d'une relation avec un autre. Le coup de foudre ne permettra pas de tenir sur la durée, il faudra entretenir, nourrir, et renouveler chaque jour cette idylle. L'amour n'est

1. Christian Bobin, *Le Très-Bas*, Gallimard, 1992.

jamais acquis et encore moins dans notre rapport à nous-mêmes.

On devra accepter les émotions qui nous traversent, tenter de ne pas les juger. Devenons indulgents avec nos doutes, nos peurs et nos excès. L'indulgence n'est pas le laxisme : ce n'est pas parce qu'on devient plus tolérant avec soi que l'on doit pour autant arrêter de se tirer vers le haut et de se pousser à évoluer et grandir.

Par manque d'amour pour soi, nous voudrions contrôler l'amour des autres. Nous cherchons à être universels, à plaire à tout le monde. Cette solution est illusoire. L'amour ne se gagne pas, il se partage. Si nous cherchons sans relâche à trouver l'amour dans le regard des autres, nous devenons dépendants. Notre propre regard doit devenir le point de départ. Revenir à soi et à sa solitude permet de se rouvrir au monde avec davantage de justesse.

Une autre citation de Christian Bobin m'a beaucoup interpellée il y a quelques années et continue de m'accompagner. « Aimer, c'est prendre soin de la solitude de l'autre, sans jamais chercher à la comprendre, ni même à la combler[1]. »

Nous ne sommes pas obligés de comprendre tout ce qui nous traverse, nous pouvons lâcher prise et accepter ce que nous sommes.

Dans toutes les relations que j'ai pu vivre, ma solitude devait

1. Christian Bobin, La Merveille et l'Obscur, Paroles d'Aube, 1992.

rester un espace d'intimité absolue. N'étant pas toujours capable de garder cet espace intact, j'empiétais sur celui de l'autre. Et, surtout, je cherchais à le décrypter. L'obligation de tout comprendre ou de tout saisir de la personne que l'on aime n'existe pas. Dans notre relation à nous-mêmes, c'est exactement pareil. Nous ne sommes pas obligés de comprendre tout ce qui nous traverse, nous pouvons lâcher prise et accepter ce que nous sommes.

Respecter notre espace intime participe d'une démarche d'égoïsme éclairé. Nous avons besoin d'un jardin secret pour y déposer nos bagages émotionnels, un espace préservé des regards et des jugements pour avancer sur le chemin de la paix intérieure.

Se passer la bague au doigt implique de s'accepter tel que l'on est. Nous sommes si multiples qu'il est inutile d'essayer de nous résumer. Certaines facettes nous paraissent plus acceptables que d'autres, mais elles ont chacune une raison d'être en nous. Nous pouvons passer notre vie à vouloir changer ce que nous sommes, ou accepter de déposer les armes et d'arrêter d'être en conflit avec nous-mêmes.

Sur cette Terre, nous sommes en contrat de location. La vie nous a prêté un corps qui se propose d'être notre véhicule. Peu importe sa taille, son architecture, et son poids : il est un don du ciel. En découvrant la magie de nos capacités physiologiques, nous prenons mieux conscience de l'incroyable intelligence de notre corps, dont nous avons la responsabilité de prendre soin.

Il est déraisonnable de prendre davantage soin de sa voiture, de son domicile, pour malmener d'autre part notre corps. À chaque respiration consciente, à chaque repas préparé avec amour, pour chaque exercice sportif ou spirituel, nous devons remercier ce véhicule merveilleux pour toute la complexité de son art à nous maintenir en vie à chaque seconde. Encourageons-le plutôt que de l'accabler. Reconnaître ce cadeau est le premier pas pour mener une vie heureuse.

Ma mère a été coiffeuse et m'a toujours décrit des clients cherchant à fuir leur nature – certes capillaire –, mais je trouve cette attitude révélatrice de nos rapports névrotiques à nous-mêmes. Nous cherchons perpétuellement à nous changer, à nous dissimuler. Nous entretenons ainsi l'idée que nous ne sommes pas à la hauteur.

Révélez-vous à vous-même tel que vous êtes, apprenez à aimer vous regarder, vous observer, vous accepter. Le stade du miroir, dont nous parlions plus haut, est une étape cruciale dans la construction d'un enfant mais l'est tout autant chez l'adulte. Certaines populations du monde n'ont jamais eu accès à leur reflet, ils ne savent donc à quoi ils ressemblent qu'en observant les autres. Ainsi, ils accèdent plus profondément à une conscience et à une vision d'eux-mêmes, ne s'arrêtant pas qu'à un reflet mais s'ouvrant à l'immensité de ce qu'ils sont. Nous devons apprendre à poser sur nous un regard global et pas morcelé, profond et plus seulement superficiel. Nous devons instaurer de la bienveillance dans chaque échange visuel que nous avons avec nous-mêmes.

Aujourd'hui, nous prenons conscience de notre responsabilité à devenir nos propres parents, et à prendre soin de nous accompagner vers le meilleur.

C'est décidé, je ne me juge pas

« JE » DE MIROIR

Chaque matin, lorsque vous vous regardez dans le miroir, tentez de le faire sans jugement. Soyez attentifs à vos marques de fatigue, gardez un œil attendri sur vos rides naissantes. Le visage, ainsi que toute notre peau, témoignent de l'état de santé de notre corps. Nous pouvons réajuster nos comportements alimentaires en apprenant à étudier nos signes de défaillances. Votre teint en dit long sur l'état de votre foie et de vos intestins.

MISE À NU

Je vous invite à prendre un moment seul chez vous. Tamisez la lumière, mettez une musique qui vous donne envie de bouger et déshabillez-vous. Si votre propre nudité vous dérange, dites-vous que cet exercice va beaucoup vous aider. Lorsque notre corps se met à bouger dans l'espace, sans aucun carcan vestimentaire, on goûte à une liberté intérieure sans limite. Et plus nous en prenons l'habitude, plus nous sommes à l'aise avec nos courbes, nos angles, nos contours et notre propre dynamique. Nous nous empêchons souvent de danser par manque de technique, mais pour cela, il n'y a pas d'autre connaissance à avoir que celles de la joie et de la spontanéité.

L'OBJECTIF PHOTO

Se retrouver face à un objectif d'appareil photo n'est pas toujours simple. Comme l'explique mon amie Mathilde Vaccaro, photographe et créatrice du concept « Je m'aime », nous n'avons jamais accès à l'intégralité de ce que nous sommes. Lorsque nous regardons les autres, nous ne sommes pas focalisés sur des détails, mais plutôt sur la globalité, ce qu'ils sont : le charme, la gestuelle, le sourire, l'énergie, etc.

Dans notre rapport à notre corps, nous restons fixés sur de minuscules détails qui nous gâchent la vie, sans comprendre que les autres nous perçoivent bien plus largement que ça. Par des stages conçus sur la rencontre avec notre propre image, Mathilde accompagne les femmes (c'est son public-cible) afin qu'elles arrêtent de ne voir que des parties d'elles-mêmes, et qu'enfin, elles s'acceptent comme un tout. Le regard bienveillant des autres participantes agit souvent comme un déclic. Et pourquoi ne suivriez-vous pas un stage : www.mathildevaccaro.com

Chapitre 23

LE MARIAGE

« Se réveiller à l'aube avec un cœur prêt à s'envoler et rendre grâce pour une nouvelle journée d'amour. »

Khalil Gibran

Il est enfin arrivé ! Le jour du mariage avec soi. « *It's a perfect day* » (c'est une journée parfaite), comme le chantait Lou Reed. Une douce sensation de plénitude envahit l'air ambiant, nous sommes calmes, apaisés. Une sensation de liberté s'empare de notre cœur, nous affranchit de toutes nos attentes et nous fait réaliser que tout est déjà là, qu'il faut simplement ouvrir les yeux.

En ce jour, nous acceptons enfin d'être totalement qui nous sommes, sans détour ni conditions, nous acceptons avec joie nos imperfections.

Nous comparer à une perfection imaginaire est un fardeau dont il n'est pas aisé de se délester. « La vraie vie – celle que n'acceptent pas les perfectionnistes – est pleine de demi-succès, d'échecs sans gravité, de réussites sans importance, de défaites salvatrices qui s'avèrent finalement une chance [...] L'imperfection est un marqueur d'humanité », explique Tal Ben-Shahar dans *L'Apprentissage de l'imperfection*[1].

Décider de s'épouser est l'acte le plus altruiste que nous puissions accomplir dans notre existence.

La vie vibre en nous à chaque seconde. Cette pulsation, lorsque nous prenons quelques minutes pour

1. Tal Ben-Shahar, *Apprentissage de l'imperfection*, Pocket, 2011.

l'entendre, nous connecte à notre grandeur intérieure. Décider de s'épouser est l'acte le plus altruiste que nous puissions accomplir dans notre existence. Ressentir de la gratitude pour le simple fait que nous existions, que nous soyons incarnés dans un corps dont nous reconnaissons l'intelligence à nous maintenir en vie, c'est rendre hommage à la vie elle-même. Qui sommes-nous pour remettre en question ce cadeau ?

En nous épousant, nous bouleversons notre rapport au monde ! Devenir une personne inspirante pour soi, c'est un don pour les autres, car inéluctablement, vous les inspirerez.

C'est décidé, je pardonne

« QUOI QU'IL ARRIVE, N'EN FAITES PAS UNE AFFAIRE PERSONNELLE »

Accord toltèque n° 2

Prenez quelques minutes pour penser aux gens néfastes que vous pouvez croiser quotidiennement. Que pensez-vous qui les anime ? Le désamour, la frustration, la colère, ou la souffrance peut-être ?

Notez ici ce que vous pensez qu'ils ressentent :

....

....

....

....

....

Pensez maintenant aux gens qui vous font du bien et qui vous inspirent. Eux sont animés par l'apaisement, l'amour, la douceur et la joie.

Qu'est-ce que cela vous inspire ?

....

....

....

....

....

Il existe bien des personnes qui nous transmettent leur créativité. Ils ont su transcender leurs difficultés, ouvrir leur voie propre. Car la souffrance est une école qui nous ramène à l'essentiel.

Nous ne devons pas attendre de perdre quoi que ce soit pour en reconnaître la valeur. Ni la santé, ni l'amour de nos proches, ni le bonheur de nous réveiller chaque jour vivants et libres.

Le jour de notre mariage est une fête ! Puisqu'en ce jour, nous décidons de ne plus lutter, ni contre la vie, ni contre les autres, ni contre le prétendu mauvais sort. Nous sommes enfin responsables de notre vie. De ce qui la traverse, de ce qui nous arrive et nous rend plus forts.

La puissance de cet élan est indescriptible.

C'est décidé, je me célèbre

EMBRASSEZ LE/LA MARIÉ(E)

La première étape, lorsque nous nous disons OUI, c'est d'abord de nous passer la bague au doigt. Ce geste symbolique est essentiel. Et comme le mariage à soi redistribue les codes de l'engagement amoureux, choisissez le doigt auquel vous porterez votre alliance. Le traditionalisme n'est pas indispensable pour une union à soi.

Le jour convenu, si vous en ressentez l'envie, vous pouvez décider de célébrer ça vous-même ou avec quelques amis.

De toute façon, dans un cas comme dans l'autre, vous ne serez pas seul ! C'est l'avantage de ce mariage. Nous ne nous sentirons plus jamais délaissés ou abandonnés. Nous savons que nous pouvons compter sur nous-mêmes pour être à nos côtés, prendre soin de nous, nous pousser vers le meilleur, nous encourager à nous lancer dans les projets qui nous tiennent à cœur, prendre des risques et choisir le bonheur.

Cette personne-là, grandiose et magnifique, c'est vous !

Et pour la nuit de noces... à vous de faire preuve de créativité.

LETTRE D'AMOUR À SOI

Je vous propose de vous écrire une lettre d'amour. Rédigez ci-dessous, ou sur du joli papier, votre engagement à vous-même. Racontez-vous pourquoi, en ce jour béni, vous vous choisissez. C'est un acte symbolique qui peut vous permettre de prendre conscience de beaucoup de choses.

En quelques mots, déclarez-vous votre flamme.

Par exemple : « Chaque jour, j'apprends à me réveiller avec moi-même avec plaisir, à me surprendre en me dévoilant des facettes de moi que je ne m'imaginais pas, à m'accepter dans ce que je suis avec compassion, à ne pas avoir peur d'exprimer mon authenticité, et surtout, à m'apprécier à ma juste valeur. [...] Je me voue fidélité, présence et engagement...

Je décide de m'épouser car...

Je me promets...

....

....

....

Chapitre 24

LE QUOTIDIEN

« Le mariage doit incessamment combattre
un monstre qui dévore tout : l'habitude. »

Honoré de Balzac

L'habitude n'est pas un problème en soi. Nous pouvons instaurer des rituels très positifs dans notre quotidien, avoir des disciplines alimentaires qui nous rassurent, aimer fréquenter certains lieux avec régularité, pour profiter de ce qu'ils signifient pour nous.

Le problème survient lorsque l'habitude mène à un déséquilibre intérieur. Nous devons nous montrer vigilants à compromettre nos habitudes, à les renverser, à conserver une spontanéité. L'habitude conduit à l'ennui. Il est important de savoir varier pour rester conscient. Cela vaut pour les gestes les plus insignifiants comme pour notre vie en général.

Dans un couple, l'habitude installe l'ennui. Nous ne sentons plus notre cœur battre à l'idée de retrouver la personne que l'on aime. La romance s'évapore, la poésie se dissipe. Et nous finissons par nous rendre compte que cet amour qui nous rendait si vivants, si présents à nous-mêmes, s'est envolé.

L'amour ne se perd que si nous acceptons que notre relation aille contre notre gré. Or, notre existence a la capacité d'être renouvelée chaque jour.

Il suffit d'un renversement dans nos habitudes, d'un défi passager, d'une envie soudaine, pour récréer du désir, et donc de la vie.

Il suffit d'un renversement dans nos habitudes, d'un défi passager, d'une envie soudaine, pour récréer du désir, et donc de la vie.

Que ce soit pour une relation à deux ou à soi, les écueils à éviter sont exactement les mêmes.

En premier lieu, cherchez à maintenir un dialogue intelligent, une bonne communication avec vous-même. Apprendre à nous mettre à la place de l'autre, chercher à comprendre ce qu'il exprime, écouter ce qu'il n'ose pas dire est très important. Un mariage heureux avec soi demande de la patience, de l'attention, et du soin.

Lorsque nous sommes attentifs à nos émotions et que nous ne nous blâmons pas de les ressentir, nous trouvons peu à peu notre harmonie intérieure.

En une seule journée, nous sommes traversés par des centaines d'émotions différentes. Cette complexité témoigne de notre vie intérieure débordante, de toutes les nuances de notre sensibilité. Pour beaucoup d'entre nous, la versatilité émotionnelle, ou simplement notre capacité à être touché par des situations ou par autrui, n'est pas acceptable.

Il est pourtant si naturel que les émotions nous échappent, qu'elles soient incontrôlables et surprenantes. Et c'est ce qui les rend belles. Elles sont autant de preuves de notre vie intérieure bouillonnante. Certes, il arrive qu'elles nous éprouvent, mais cela atteste aussi de leur profondeur.

Tenir un journal intime de nos émotions et de nos ressentis développe et renforce le lien que nous entretenons avec nous-mêmes. Même si nous ne parvenons pas à expliquer ce que nous ressentons, il est bon de savoir l'accepter.

« Celui qui connaît l'art de vivre avec soi-même ignore l'ennui », disait Érasme[1].

Afin de mener un mariage heureux, il est primordial de raviver la flamme.

Je ne sais aimer que dans l'admiration. Dans mes histoires d'amour, j'ai besoin de me sentir vibrer pour l'autre. J'aime le voir accomplir ses défis, exprimer ses talents, prendre des risques en allant vers ce qui a du sens pour lui.

Les histoires d'amour commencent souvent à décliner au moment où les critiques dévalorisantes s'installent. Dès que nous commençons à rabaisser, consciemment ou inconsciemment, l'être aimé, le lien entre nous s'effiloche. On en vient même à critiquer son conjoint devant les amis, la famille, et même la personne en question.

Cette attitude est plus fréquente qu'on ne le croit. Si c'est votre cas, ne vous culpabilisez pas d'en être arrivé là, mais essayez d'en comprendre le sens.

Pourquoi en arrive-t-on à critiquer l'être aimé ?

C'est le signe d'une profonde frustration – une sensation de ne pas être compris, ni être aimé comme nous

1. Érasme, *Éloge de la folie*, Culture Commune, 1511.

aimerions l'être. Et puis, râler et critiquer sont des biais de cohésion sociale. Lorsque nous nous retrouvons sur un terrain commun, nous sommes assurés, et rassurés d'être dans le « vrai ».

En revanche, lorsque notre avis est contraire à la pensée de ceux qui nous entourent, nous nous sentons très vite rejetés. Nous ressentons, profondément ancré en nous, le besoin d'avoir raison.

Serge Marquis, dans son roman *Le jour où je me suis aimé pour de vrai*[1], nous démontre que l'ego nous empêche d'accéder au bonheur. Nous sommes quelques fois si solidement attachés à nos vérités propres, à nos croyances et au rôle que nous entendons jouer, que nous en oublions la joie de vivre, laquelle elle est spontanée, et ne s'embarrasse pas de faux-semblants.

Comment pouvons-nous être compris si nous n'exprimons pas nos sentiments ? Pourtant, la plupart du temps, nous les gardons enfouis en nous. Nos peurs nous retiennent, en couple surtout.

Il arrive notamment que nous craignions de faire part à l'autre de notre désir de solitude, nous avons peur de le blesser, qu'il se sente exclu.

Rester naturel, c'est respecter sa dynamique intérieure. Nous façonnons les miroirs que la vie place face à nous.

---

1. Serge Marquis, *Le jour où je me suis aimé pour de vrai,* La Martinière, 2017.

Comment votre histoire d'amour pourrait tenir la route si vous passez votre temps à vous critiquer, à vous affliger, à vous mépriser vous-même ? En vous tirant vers le haut et en suscitant votre propre admiration, vous reconquerrez celle de l'être aimé.

Il y a mille façons légitimes de s'admirer. Nous pouvons d'abord admirer la personne que nous sommes pour ce qu'elle entreprend afin de s'épanouir. Nous pouvons nous admirer pour notre indulgence envers nous et les autres.

L'admiration n'est pas seulement indispensable pour tomber amoureux, elle l'est aussi pour raviver chaque jour notre flamme.

Je suis profondément convaincue que la vie ne place sur notre chemin que les épreuves et les étapes que nous sommes en mesure de surmonter.

C'est décidé, je m'admire

JE SUIS LE PILIER DE MON EXISTENCE

Si vous vous sentez incompris, apprenez à vous comprendre.

Si vous ne vous sentez pas entendu, écoutez-vous davantage.

Si vous ne vous sentez pas aimé, décidez de tomber pleinement amoureux de vous.

Prenez quelques minutes pour repenser à toutes les situations dont vous croyiez ne jamais pouvoir vous extirper (ruptures amoureuses, deuils, problèmes d'argent, de santé, etc.) et observez comme la vie vous a permis de tourner la page. Comme le temps a fait son œuvre. Comme la maturité vous a guidé. Vous êtes sorti plus fort et grandi de ces épreuves.

Et si vous êtes encore en train de les traverser actuellement, ayez foi en votre capacité et en vos ressources à faire face aux situations qui semblent, de prime abord, insurmontables.

....

....

....

....

....

....

Chapitre 25

SCÈNES DE MÉNAGE

« Le mariage est la cause principale de divorce. »

Oscar Wilde

« Si vous n'aimez pas vos défauts, quelqu'un les aimera pour vous. » C'est ce que vous fait croire un célèbre site de rencontre. Je crois à l'exact contraire. Si vous n'aimez pas vos défauts, personne ne les aimera pour vous. Et si vous n'aimez pas non plus vos qualités, comment pouvez-vous vous supporter ?

Le matraquage de la société de consommation qui consiste à nous faire croire sans arrêt que la solution à nos problèmes ne peut exister que hors de nous est désarmant. Cette société n'a pas pour but de combler nos besoins et nos attentes, ni de nous rendre heureux ou de soigner nos blessures ; c'est même le contraire. Le cœur de notre mode de vie est l'insatisfaction. Apprenez à vous suffire, à ne prendre du monde que ce dont vous avez véritablement besoin, et votre frustration refluera d'elle-même.

De la même façon, vous pouvez exister par vous-même, vous n'avez pas besoin d'être en couple pour vous accepter. Souvenez-vous que la première personne que vous devez aimer, c'est vous, sous toutes les coutures.

Certains jours sont plus difficiles que d'autres. Le conflit intérieur est fréquent. Certains matins, nous sommes pris d'un malaise à nous retrouver en notre propre compagnie. Nous résistons à la personne que nous sommes. Et tout au long de la journée, nous attirerons à nous des situations qui mettront le doigt là où ça fait mal, là où le conflit intérieur est patent.

Nous sommes des antennes. Les vibrations de notre vie intérieure se manifestent inéluctablement, même si nous pensons savoir bien dissimuler nos émotions. Et parmi elles, il y a nos blessures, nos hésitations, nos doutes. Si vous parvenez à rétablir l'harmonie en vous, vous en recueillerez les fruits.

Même mariés avec nous-mêmes, nous sommes amenés à vivre des scènes de ménage intérieures, à voir tout en noir, à manquer de recul et de tolérance envers nous-mêmes. Je peux passer des heures à brasser des pensées négatives, à me juger, à culpabiliser, voire à m'insupporter.

C'est aussi que nous exigeons beaucoup de nous-mêmes. Je ne compte plus les gens que je connais qui se gâchent la vie, qui s'étouffent en se montrant trop exigeants envers eux-mêmes. Ils s'imaginent se tirer vers le haut ainsi, mais ne font en fait que se trouver des raisons de ne jamais se sentir à la hauteur.

L'exigence a deux visages : l'un nous pousse à nous dépasser, l'autre retient notre joie de vivre. On a les qualités de ses défauts, bien sûr. Mais baisser votre niveau d'exigence envers vous n'entachera pas votre envie de vous rendre meilleur.

Le plus important, comme le promeut le quatrième accord toltèque décrit par Miguel Ruiz[1], est de faire de son mieux en toutes circonstances. La vie attend que nous nous lancions pour nous offrir une piste d'atterrissage. Ce qui compte, c'est de « faire », de se lancer et d'oser. Il n'y a pas de vie heureuse sans audace.

Nous aimerions que le résultat soit immédiatement au rendez-vous, mais c'est tout bonnement impossible. L'apprentissage mérite de l'expérience, et la vie nous invite à nous exercer, quel que soit le domaine où nous entreprenons.

Lorsque nous nous lançons dans l'apprentissage de quelque chose de nouveau, il est naturel de ne pas être tout de suite à la hauteur – l'accepter n'est pas plus compliqué que de le reconnaître. Et puis, ne pas tout maîtriser nous rappelle notre dimension, que notre ego a tendance à surévaluer. Persévérer, ne pas perdre courage : ce sont des leçons simples, mais qui nous servent toute notre vie, pourvu que nous fassions l'effort de nous les rappeler.

Il est naturel de ne pas être tout de suite à la hauteur - l'accepter n'est pas plus compliqué que de le reconnaître.

J'ai longtemps été déçue de mes performances sur scène, car je savais que je pouvais faire mieux. Mes

1. Miguel Ruiz, *Les quatre accords toltèques – La voix de la liberté personnelle*, Jouvence, 2016. Pour rappel, les quatre accords sont : que votre parole soit impeccable ; n'en faites jamais une affaire personnelle ; ne faites aucune supposition ; faites toujours de votre mieux.

collègues et mes proches étaient encourageants, mais cela ne me suffisait pas. J'ai accepté mes déceptions avec indulgence, et avec la patience et la pratique, j'ai trouvé la capacité de me tirer vers le haut, d'aller encore plus loin. J'ai fini par être pleinement heureuse de ce que j'accomplissais, même si je trouvais le résultat encore très imparfait. J'ai compris que ce n'était pas ça qui comptait, mais l'intention de le faire avec mon cœur et d'y mettre tout ce que je suis.

Sur le chemin de mon développement, j'ai découvert un outil extraordinaire pour faire face aux conflits dans toutes les sphères de notre vie. Cela s'appelle la Communication Non Violente, une approche mise au point par Marshall Rosenberg, docteur en psychologie appliquée. C'est un outil qui nous permet de nous mettre en lien avec ce que nous ressentons, en développant notre capacité à exprimer nos besoins :

- l'observation : il est question de cibler les faits et d'éviter toute interprétation. Par exemple : je suis en colère contre moi-même de ne pas avoir été très agréable à ce dîner avec des amis ;

- le sentiment et l'émotion : il est important de revenir au « je » pour exprimer ce qu'on ressent. Par exemple : si je reviens à mon émotion, je reconnais que je ne me suis pas écoutée. J'avais envie de rester tranquillement chez moi au lieu de sortir. Je me suis finalement forcée à y aller ;

- le besoin : nous devons faire comprendre notre besoin. Par exemple : quand je ne m'écoute pas et que je n'entends ni ma fatigue ni mon besoin de solitude, j'ai du mal à être ouverte aux autres. Je peux même finir par devenir agressive car je ressens une tension intérieure ;
- la demande : que pourrais-je améliorer à l'avenir ? Par exemple : en écoutant et en admettant mes émotions, je peux mieux y répondre, et donc mieux me concentrer sur l'instant présent.

Grâce à cet outil du quotidien, vous pouvez amorcer un dialogue intérieur dans vos moments conflictuels.

C'est décidé, je fais la paix

APPRENEZ À GÉRER VOTRE COLÈRE

Pour cet exercice, je vous invite à vous créer un rituel pour les journées de brouillard. Quand on se dispute avec l'être aimé, il est essentiel de prendre du recul. Souvent après quelques heures, voire quelques jours éloignés l'un de l'autre, nous nous sentons apaisés et nous y voyons plus clair.

Quand vous êtes en conflit avec vous-même, échappez-vous. Portez votre attention ailleurs. En quelques mots : faites-vous plaisir. Et agissez comme vous le feriez avec la personne qui partage votre vie lorsqu'elle ne se sent pas bien.

La douceur dont on fait preuve dans ces instants est primordiale.

Reprenez les étapes d'analyse et de compréhension de la Communication Non Violente. Faire cet exercice par écrit permet de prendre le recul nécessaire, auquel nous n'avons plus accès lorsque nous sommes pris dans le tourbillon de nos émotions.

....

....

....

....

....

Chapitre 26

POLY-AMOUR

« Si tes amants t'ennuient, marie-toi,
cela leur donnera du piquant. »

Jean Anouilh

Le jour où vous aurez commencé à profondément vous aimer, vous vivrez l'amour sous toutes ses formes. Et notamment sur le plan affectif. Rencontrer son grand amour, c'est commencer par soi pour finir avec l'autre. Je pense qu'il n'y a rien de plus beau que de rencontrer un être qui colore nos instants, qui nous en révèle la préciosité. À mes yeux, c'est l'ultime quête.

Le problème dans la relation à deux, c'est de trouver sa place. J'ai compris au fur et à mesure de mes relations, et grâce à ceux qui les ont éclairées, que ce serait un défi important à relever.

Il est naturel de se laisser aller à une délicieuse fusion dans les premiers moments d'une histoire d'amour. Mais cette fusion peut rapidement devenir nocive si nous n'y prenons pas garde. À trop se mêler, on finit par se perdre.

La fusion implique la perte de l'un des partenaires dans le creuset du couple. Et à force, nous perdons nos repères, notre identité, jusqu'à la sensation d'avoir perdu notre place. Et c'est très douloureux.

Les conflits de territoire ont diverses expressions : la maladie, la jalousie, la colère, le ressentiment, la déception... Pour bien des couples, le fait que l'un des deux ne parvienne pas à trouver sa place finit par conduire à la séparation. Passé le moment de fusion que nous évoquions plus tôt, le couple peut devenir un abîme dans lequel il devient facile de s'oublier.

Nous finissons alors par en vouloir à l'autre de ne pas nous accorder suffisamment d'attention, de temps, d'énergie et d'engagement. Et aussi par s'en vouloir d'être dans les reproches permanents. C'est culpabilisant et destructeur.

Parfois, dans nos relations amoureuses, nous avons fait des sacrifices sans que l'autre ne nous ait demandé quoi que ce soit. Par exemple, nous avons mis fin à des activités qui nous tenaient à cœur, réduit le temps que nous consacrions à des personnes chères, pour passer plus de temps avec l'être aimé. Si nous agissons de la sorte, nous devons être pleinement conscients de notre choix, être en accord avec ce renoncement et décider que nous ne le reprocherons pas à l'autre par la suite.

Dans le mariage à soi, nous reprenons la responsabilité de notre indépendance, de nos relations et de notre solitude.

Les êtres humains sont faits pour se lier les uns aux autres, mais également pour faire l'apprentissage du détachement. À travers la naissance, les séparations, les deuils et la mort, nous apprenons à nous défaire de nos liens avec plus ou moins de peine ou de difficultés. Je n'évoque pas ici l'idée de devenir indifférent, mais celle d'accepter l'impermanence de tout ce qui nous entoure et de nous-mêmes.

Nous ne pourrons être sainement liés aux autres qu'en étant avant tout profondément liés à nous.

C'est décidé, je fais la paix

RENFORCER LE LIEN À SOI

J'ai établi une liste de huit commandements qui ancrent les engagements de mon union à moi-même.

Se surprendre : le défi est un ingrédient essentiel d'un mariage qui dure. Il faut être curieux et sortir régulièrement de sa zone de confort pour se réinventer. Cela permet de nourrir l'estime et l'admiration pour soi.

Explorer ses « défauts » : j'ai la croyance que nos blessures nous offrent nos plus grandes forces. Que c'est dans le désarroi que l'on puise le courage, dans le manque qu'on trouve les clés de la plénitude. Soyez proche de vos ombres et de vos douleurs. Elles vous donneront les clés d'accès à vous-même et à votre raison d'être sur Terre.

Se respecter : l'écoute de soi permet chaque jour de prendre le pouls de notre vie. Les pratiques de pleine conscience nous permettent de nourrir ce dialogue intérieur. Pour se respecter, il faut donc être attentif à soi. Ensuite, nous posons naturellement le cadre du respect dans nos relations extérieures.

Se séduire : on dit souvent qu'une relation amoureuse qui dure est une relation où le désir reste omniprésent. Si, dans un couple, on doit continuer à séduire l'autre, c'est la même recette dans sa relation intérieure. Rien n'est jamais acquis. Continuez à vous draguer tout au long de votre vie comme si vous en étiez au flirt des débuts.

Se faire plaisir : qu'est-ce qu'on peut aimer les êtres qui nous font du bien ! Par leurs paroles, leurs actes, leurs gestes ou leur bienveillance... La vie est un mets délicat dont on doit se délecter. Lorsqu'on s'aime, on ne se veut que du bien. Le plaisir est une source de joie inépuisable.

Reconnaître la valeur de l'instant : on perd un temps infini à râler, à se plaindre et à ne pas être content. Savez-vous pourquoi ? Par frustration que les choses ne se passent pas comme nous l'avions imaginé. Dites-vous que rien ne se passera jamais comme vous l'aviez prévu, mais comme cela doit arriver. Nous sommes vivants pour évoluer. Laissez donc l'intelligence de la vie faire son œuvre et faites-lui confiance. Tout est toujours parfait. La vie est courte, c'est un cadeau. Soyez dans la gratitude.

Accepter les scènes de ménage intérieures : parce que tout n'est pas toujours l'extase. Parce que certains jours, il y a moins de rebondissements, de surprise ou de joie. Parce que parfois, on s'ennuie, on est en colère ou traversé par des tas d'émotions moins exaltantes, il est important de laisser résonner en nous les émotions qui nous traversent. La vie est un passage et chaque minute sur Terre est une expérience de soi. Il n'y a souvent rien à comprendre ou à analyser, même si cela reste humain de chercher à le faire. Certains jours, la relation à soi est un défi car elle est éprouvante. C'est dans ces instants-là que l'amour de soi s'éprouve sans condition. Il est un soutien indispensable, notamment pour traverser les moments de doute, d'inquiétude, de peur ou de mal-être. On doit s'aimer encore davantage quand ça ne va pas.

Faire du bien aux autres : rien ne me rend plus heureuse que de faire don de moi aux autres. Évidemment, cela doit faire partie d'un équilibre car beaucoup de personnes se sacrifient pour se consacrer aux autres, et cela finit par les rendre malheureuses. Exercez-vous à trouver le juste équilibre entre prendre soin de soi et se rendre disponible pour les autres. Lorsqu'on est épanoui, que l'on rayonne de joie, on rend service au monde. Rendez-vous compte à quel point, dans les moments où vous êtes heureux et où vous expérimentez une paix intérieure, vous faites du bien aux gens qui vous entourent et aux êtres qui croisent votre chemin. Sentir que notre harmonie déteint sur les autres est un cadeau. Car nous sommes nés pour contribuer au monde et notre existence ne peut avoir du sens que si nous sommes en quête de ce chemin.

À vous maintenant de trouver vos propres commandements, affichez-les chez vous et remémorez-les-vous chaque jour.

« LE JOUR OÙ
JE ME SUIS AIMÉ POUR DE VRAI,
J'AI COMPRIS QU'EN TOUTES CIRCONSTANCES,
J'ÉTAIS À LA BONNE PLACE,
AU BON MOMENT.
ET ALORS, J'AI PU ME RELAXER. [...]

AU DÉBUT, MA RAISON
APPELAIT ÇA DE L'ÉGOÏSME.
AUJOURD'HUI,
JE SAIS QUE ÇA S'APPELLE
AMOUR-PROPRE. »

– Charlie Chaplin

ON CONCLUT ?

Afin de conclure cet ouvrage en beauté, j'ai envie de vous confier, chers lecteurs, l'après.

L'après de cette fulgurance de me choisir et de m'épouser a laissé place à une vie complètement transformée. J'ai pris ma responsabilité de mon bonheur, au lieu de continuer à l'attendre de l'extérieur.

Ma vie est devenue exquise. Chaque matin au réveil, je me sens proche de la femme que je suis. Chaque jour, et chaque instant, je m'offre le meilleur. Beaucoup de projets ont pris forme après ce mariage, beaucoup de rêves se sont – et continuent – de se réaliser. Je n'ai plus aucune limite. Dès que je ressens le besoin de me réajuster, vis-à-vis de moi, ou de l'extérieur, je possède les clés pour le faire et je les utilise pleinement.

J'ai également pu percevoir le bien que je pouvais faire aux gens que j'aime, à mes auditeurs, et même aux inconnus. Je peux ressentir la confiance dans laquelle ils se sentent lorsqu'ils me côtoient. Ils comprennent que finalement le chemin vers la joie n'est pas aussi compliqué que ce qu'on veut bien nous le faire croire. Qu'il suffit d'avoir l'élan pour se lancer. Nombreux se sentent soulagés à l'idée que la vie n'est pas un chemin linéaire et que chaque jour apporte son lot de surprises, d'émotions et qu'il faut tout simplement apprendre à danser avec nos états d'âme, plutôt que de vouloir les changer.

Après m'être épousée, j'ai baigné dans l'amour absolu et sans compromis. Je ne cherchais plus à le trouver à tout prix ; il coulait avec abondance dans ma vie.

Aujourd'hui, je vis aux côtés d'un homme brillant et formidable. Lui-même s'est épousé et vit cette idylle intérieure comme essentielle à sa stabilité et à son bonheur. Rien n'est plus important pour chacun de nous que d'œuvrer pour la mission que nous avons donnée à notre vie.

Par conséquent, nous ne faisons pas porter à l'autre la responsabilité de notre épanouissement, mais nous lui offrons tout l'espace nécessaire pour qu'il y contribue.

Entre cet homme et moi, deux mondes se sont rencontrés, et ainsi, nous en construisons un troisième chaque jour. Je vis enfin la relation amoureuse respectueuse et exaltante dont j'ai toujours rêvé, où liberté et engagement se côtoient avec fluidité. Et où aucun compromis n'a sa place, puisque l'espace de notre amour nous offre l'écrin pour être qui nous sommes. Pleinement.

Je vous souhaite, chers lecteurs, que ce livre vous accompagne sur toutes les étapes de rencontre et d'engagement auprès de vous-mêmes. Je vous souhaite un mariage intérieur festif, joyeux et fécond.

Je vous souhaite d'être attentifs à la flamme qui brillera en vous, celle de cet amour que vous vous vouez. Car « sous amour » tout change, un peu comme un exhausteur de goût de l'existence. Chaque acte, mouvement, pensée, qui naît de l'amour ne peut être que le fruit de la justesse.

Prenez régulièrement un livre pour vous évader, un stylo et une feuille de papier pour vous déposer. Dès que vous vous perdez de vue, et que vous manquez d'énergie, organisez-vous un moment qui vous fera du bien.

La vie vous tend les bras, et la vôtre n'attend que vous pour s'exprimer. S'inventer et se réinventer.

Soyez amoureux.

REMERCIEMENTS

À toi, lecteur, qui t'es saisi de ce livre, peut-être par hasard, peut-être par magie. Toi qui décides qu'aujourd'hui, tout est possible, et que le chemin vers soi n'est pas seulement long, mais qu'il est surtout beau.

À mes amis, pour être une source inépuisable de joie et de rires au quotidien. À leur soutien indéfectible qui m'a insufflé le courage nécessaire dans les moments de doute.

À ma famille, vous êtes le berceau dans lequel j'ai pris vie. Il n'y a pas de plus grands témoins que vous de ma croissance.

À ma maman, pour ce cordon de pur amour qui nous unit et continuera de me nourrir éternellement.

À mon papa, qui m'a offert son raffinement et sans qui l'Orient ne coulerait pas dans mes veines.

À Alexandre, mon gourou préféré.

À tous les êtres dont je suis tombée follement amoureuse. Parfois une seconde, parfois des années. À Thierry tout particulièrement.

À mes frères adorés, Yohan et Nicolas.

À Geoffrey, qui m'offre le cadeau de vivre mon rêve ultime.

Mes soutiens d'amour

Géraldyne Prévot-Gigant
Claire Lecœuvre
Jean Motte
Larousse
Ginkgo Média
Mathilde Vaccaro
Sophie Magenta
Marie-Alix de Neuville
Sophie Andrieu
Pauline Moser
Gary Laski
Arnaud Lerch
Les Herbes Hautes
Ana Quasoar
Bliss you
Ayurvéda Magazine
Eaden R
Lila Rhiyourhi
Yann Hirsh
Mes très chers auditeurs…

Et à mes sources d'inspiration que je ne pourrais pas toutes citer tant elles sont nombreuses…

Les lieux qui m'ont portée pour l'écriture de ce livre

Les rizières de Bali
Les trains et les avions dans lesquels j'ai toujours trouvé beaucoup d'inspiration
L'appartement de mon cousin à Stockholm
Le Hoxton à Paris
Mes différents cocons
Ma douche, qui déclenche souvent un flux d'idées
Ma rivière préférée, l'Ardèche

BIBLIOGRAPHIE

BARANSKI LAURENCE, *Le coming out spirituel*, Exergue, 2017.

BEAUDET-REGEN Isalou, *La Magie du matin*, Leduc, 2016.

BEN-SHAHAR Tal, *Apprentissage de l'imperfection*, Pocket, 2011.

BOBIN Christian, *Le Très-Bas*, Gallimard, 1992.

BOBIN Christian, *La Merveille et l'Obscur*, Paroles d'Aube, 1992.

BOURBEAU Lise, *Les 5 Blessures qui empêchent d'être soi-même*, Pocket, 2013.

CHAPMAN Gary, *Les Langages de l'amour*, Farel, 1997.

COELHO Paulo, *L'Alchimiste*, J'ai lu, 1988.

ÉRASME, *Éloge de la folie*, Culture Commune, 1511.

FLÈCHE Christian, *Décodage biologique des maladies – L'Encyclopédie des correspondances symptômes-émotions*, Souffle d'or, 2012.

JAMES William, *Précis de psychologie* [1890], Les Empêcheurs de tourner en rond, 2002.

LEHAMANN Jonathan, « Les antisèches du bonheur », à découvrir sur jonathanlehmann.fr

LEWICKY Christine, *J'arrête de râler en 21 jours*, Eyrolles, 2011.

LIPSCHITZ Arouna, *La Voie de l'amoureux – Savoir aimer plutôt que rêver d'amour,* Robert Laffont, 2006.

MARQUIS Serge, *Le jour où je me suis aimé pour de vrai,* La Martinière, 2017.

MARTEL Jacques, *Le Grand Dictionnaire des malaises et des maladies*, Quintessence, 2007.

RIOU Arnaud, *Les Nouveaux Sages,* Solar, 2017.

RUIZ Miguel, *Les quatre accords toltèques – La voix de la liberté personnelle*, Jouvence, 2016.

SERVAN-SCHREIBER Florence, *3 kifs par jour*, Marabout, 2014.

INDEX DES PERSONNES CITÉES ET DES NOTIONS CLÉS

POUR ALLER PLUS LOIN DANS VOTRE QUÊTE DE L'AMOUR DE SOI

Si vous souhaitez organiser près de chez vous une conférence ou un atelier « C'est décidé, je m'épouse ! », contactez-nous via le site internet : www.cestdecidejemepouse.com

Je propose également des accompagnements individuels, en présence ou à distance, plus d'informations et demandes de rendez-vous sur www.cestdecidejemepouse.com ou par mail : nathalie_lefevre@hotmail.fr

PAPIER À BASE DE
FIBRES CERTIFIÉES

LAROUSSE s'engage pour
l'environnement en réduisant
l'empreinte carbone de ses livres.
Celle de cet exemplaire est de :
950 g éq. CO_2
Rendez-vous sur
www.larousse-durable.fr

Achevé d'imprimer en Italie par Grafica Veneta SPA
Dépôt légal : octobre 2020
325430/01 – 11043214 – septembre 2020